1
1
2
2
3
5

PRATER
Highlights
PraterHighlights.at
SIE SPAREN 52%

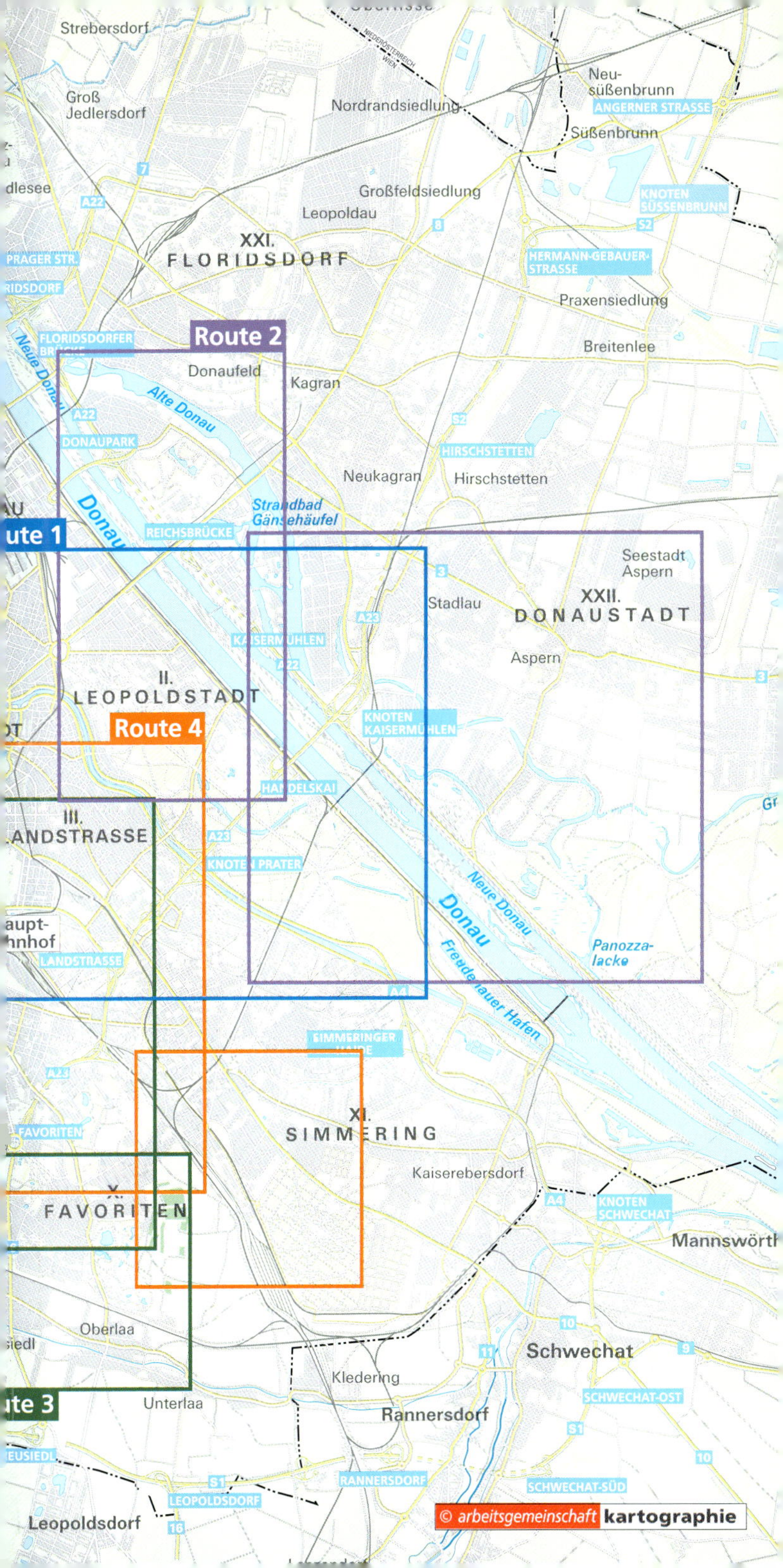
Strebersdorf
Groß Jedlersdorf
Nordrandsiedlung
Neu-süßenbrunn
ANGERNER STRASSE
Süßenbrunn
Großfeldsiedlung
Leopoldau
KNOTEN SÜSSENBRUNN
XXI.
FLORIDSDORF
PRAGER STR.
HERMANN-GEBAUER-STRASSE
Praxensiedlung
Breitenlee
FLORIDSDORFER BRÜCKE
Route 2
Donaufeld
Kagran
Neue Donau
Alte Donau
DONAUPARK
HIRSCHSTETTEN
Neukagran
Hirschstetten
Donau
Strandbad Gänsehäufel
REICHSBRÜCKE
Route 1
Seestadt Aspern
Stadlau
XXII.
DONAUSTADT
KAISERMÜHLEN
Aspern
II.
LEOPOLDSTADT
KNOTEN KAISERMÜHLEN
Route 4
HANDELSKAI
III.
LANDSTRASSE
KNOTEN PRATER
Neue Donau
Donau
Panozza-lacke
LANDSTRASSE
Freudenauer Hafen
SIMMERINGER HAIDE
FAVORITEN
XI.
SIMMERING
Kaiserebersdorf
X.
FAVORITEN
KNOTEN SCHWECHAT
Mannswörth
Oberlaa
Schwechat
Kledering
SCHWECHAT-OST
Unterlaa
Rannersdorf
Route 3
RANNERSDORF
SCHWECHAT-SÜD
LEOPOLDSDORF
Leopoldsdorf
© arbeitsgemeinschaft kartographie

Irene Hanappi

Vienna Biking

RADELN, RASTEN & GENIESSEN

5 Routen – vom Zentrum zu neuen Vierteln der Stadt. Geschichte, Kultur, Architektur, Natur, Essen und Trinken

FALTER VERLAG

ISBN 978-3-85439-692-5

1011 Wien, Marc-Aurel-Straße 9
T: +43/1/536 60-0, F: +43/1/536 60-935
E: bv@falter.at, service@falter.at
W: faltershop.at

Autorin: Irene Hanappi
Lektorat: Helmut Gutbrunner
Karten: arbeitsgemeinschaft kartographie
Fotos: Detaillierter Bildnachweis auf Seite 135
Umschlagdesign: Dirk Merbach
Grafik und Layout: Marion Großschädl
Bildbearbeitung: Reini Hackl, Marion Großschädl
Produktion: Susanne Schwameis
Druck: Florjančič tisk d.o.o., SL 2000 Maribor

FSC www.fsc.org
MIX
Aus verantwortungs-vollen Quellen
FSC® C106954

Wir haben bei diesem Buch im Sinne der Umwelt auf die Verpackung mit Plastikfolie verzichtet.

Legende

= Kaffeehaus	= Pub	= Park, Grünoase
= Restaurant, Gasthaus	= Bar	= Kultur, Architektur
= Boot, Fähre, Schiff	= Hotel	= Einkaufen
= Wassersport	= Fahrrad	= Bibliothek

Von urban zu rural

„Vienna Biking" schlägt ein neues Kapitel innerhalb der Reiseliteratur auf: die Stadterkundung vom Sattel aus.

Das Buch will dazu verführen, sich aufs Rad zu schwingen und nach dem Prinzip Hop-on-hop-off Pausen einzulegen, um Sehenswürdiges zu betrachten, sich inspirieren zu lassen oder sich zu stärken.

Für die Bewohner*innen der Stadt geht es um die Eroberung weißer Flecken auf ihrer ganz persönlichen Landkarte von Wien.

Für Besucher*innen von auswärts werden Grätzel und Stadtentwicklungsgebiete in den Blick genommen, die in anderen Wien-Guides der Entfernung wegen nicht vorkommen.

Im Fokus steht dabei das städtische Leben, wie es sich heute präsentiert. Stichwort: neue Architektur, innovative Wohnkonzepte, Grünraumgestaltung, Urban Gardening, Bike-City etc. Dennoch ist immer auch das historische Wien präsent, das meist als Ausgangspunkt dient.

Auch an Fernwehgeplagte, die in Ermangelung anderer Optionen ihren Bewegungsradius auf das unmittelbare Umfeld einschränken müssen, richtet sich das Buch. Sie sind eingeladen, ihre Umgebung mit der gleichen Neugier ins Visier zu nehmen, wie sie es von ihren Auslandsreisen gewohnt sind. Unbeachtete Kleinode ausfindig zu machen. Entlegene Stadtinseln anzusteuern. Neuland zu erobern – all das kann für sie zu einem neuen Zeitvertreib werden.

← Abends durch die Ausstellungsstraße

Die fünf Routen weisen den Weg zu zahlreichen Objekten der Architektur, des Städtebaus, der Freiraumgestaltung. Dabei werden wichtige Zeitabschnitte der Stadtgeschichte mit ihrem jeweils ganz besonderen Flair erfasst: das Barock, die Gründerzeit, die Wiener Moderne, die Zwischenkriegszeit, die Wirtschaftswunderjahre und der Boom nach der Ostöffnung ab 1990. Die Länge der einzelnen Routen liegt zwischen acht und zwanzig Kilometern.

Es werden Facetten der Stadt ins Licht gerückt, die entweder so aktuell sind, dass sie in die gängigen Reiseführer noch nicht Eingang gefunden haben, oder die historische Ereignisse im Stadtbild neu verankern.

Beides trifft zum Beispiel auf die Aspang-Gründe zu. Ein aufgelassenes Gelände der ÖBB wurde zum Stadterweiterungsgebiet erklärt und mit neuen Wohnbauten, einem Schulcampus, Gärten und Parks ausgestattet. Die Namensgebung der neu geschaffenen Straßen wiederum ist eine Hommage an die Juden und Jüdinnen Wiens, die vom Bahnhof Aspang aus in die Vernichtungslager deportiert wurden. Gemeinsam mit einem 2017 errichteten Mahnmal dienen sie der Erinnerungskultur.

Eine andere Form der Stadterneuerung dokumentiert das Stuwerviertel in Praternähe, das von jeher mit Freizeitvergnügungen in Verbindung gebracht wurde. War früher dort das Rotlichtmilieu angesiedelt, so erlebt es heute als bevorzugtes Wohnquartier junger Familien einen Neubeginn.

Mit dem Buch im Gepäck verfügen Rad-Toureros über einen nützlichen Begleiter, der authentische Schilderungen mit Fakten und Wissenswertem zu Wiens neuerer Geschichte kombiniert.

„Vienna Biking" führt zu Landmark-Gebäuden und dokumentiert das Wiener Lebensgefühl zu Zeiten eines Gustav Klimt und Egon Schiele genauso wie die Lifestyle- und Arbeitsmodelle des 21. Jahrhunderts, die sich im Architekturgeschehen widerspiegeln.

Die Routen queren Arbeiterbezirke ebenso wie die Villenviertel der Bourgeoisie und enden oft in noch landwirtschaftlich geprägten Gegenden Wiens. Frei nach dem Motto: Von urban zu rural. Von Geschichte zu modernem Leben. Von Tradition zu Entwicklung. Es ist ein Crossover in jeder Hinsicht. Ein Querschnitt durch das alte und das neue Wien.

Zwischen dem qualmenden Holzkohlengrill am Ufer der Neuen Donau, auf dem eine Lammkeule brutzelt, und dem DC Tower in nur wenigen Metern Entfernung könnte der Spannungsbogen größer nicht sein. Genauso verhält es sich mit dem WU-Campus beim Prater, wo Bauten von NO.MAD, Hitoshi Abe und Zaha Hadid in unmittelbarer Nähe zu nostalgischen Attraktionen wie dem alten Toboggan von 1913 stehen. Diese Mischung macht den Reiz der hier vorgestellten Touren aus.

Das Besondere an der Stadterkundung per Rad ist, dass man mühelos in Bereiche vordringt, die zu Fuß zu erkunden zu mühsam wäre. Locker lässt sich auf dem Rad sitzend der Bogen von der Donauinsel über die Lobau bis hin zur Seestadt spannen.

Dem Bewegungsdrang sind kaum Grenzen gesetzt, und wenn man Lust verspürt, sich ein Objekt näher anzusehen, steigt man einfach mal kurz vom Rad.

Gegenüber den Automobilist*innen genießen Radler*innen den Bonus der Flexibilität: Sie können stehen bleiben, wo es ihnen gefällt. Radtourist*innen kommen an

Objekten vorbei, die anderen verborgen bleiben, wie zum Beispiel den Fußballplatz in Simmering, wo „Schneckerl“ Prohaska einst trainierte, oder den am Donau-Ufer verankerten Dampfer „Frédéric Mistral“, mit dem Franz Joseph einst seine Inspektionsreisen unternahm.

Beim Radfahren passt sich der Rhythmus der Fortbewegung perfekt der Person an, orientiert sich an einem durch und durch menschlichen Maß. Auch das ein Vorteil. Die reduzierten PS setzen diese Art der Fortbewegung dem Fiakerfahren gleich und für manche stellt sich dabei das gleiche Retro-Feeling ein. Die Fassaden der Häuser, die Alleen und Parks ziehen langsam an einem vorbei, als würde man das Rad der Zeit zurückdrehen, als wäre man in eine andere Epoche zurückversetzt. Der Blick auf die Stadt verändert sich, erhält eine emotionale Färbung, die an den Sepiaton alter Fotografien erinnert.

Die meisten von uns nutzen das Rad ja eher pragmatisch, wollen von A nach B gelangen oder Sport betreiben, einmal ordentlich durchatmen, vielleicht auch Kalorien verbrennen, zwischen Wohnung und Arbeitsplatz hin und her pendeln und am Wochenende schnell mal raus ins Grüne flitzen.

Dieses Buch empfiehlt nicht die Flucht aus der Stadt, sondern lädt ein, sie für kleine Fluchten zu nutzen. Jede der Routen führt vom Zentrum in Gebiete mit hohem Erlebniswert – sei es ein Picknickplatz, ein Badestrand oder ein Ort zum faulen Nichtstun.

Es geht um Stadträume, von deren Existenz wir wissen, die wir aber nie aufsuchen, weil unsere Wege uns immer in die gleichen Bahnen lenken. Wer weiß schon, dass in Rothneusiedl Schnecken für die Sterne-Küche gezüchtet werden, dass in Aspern eine Apotheke existiert, auf deren Dach Pflanzen wachsen, die ein lebendiges Museum der Heilkräuterkunde darstellen.

Wie heißt es doch so schön bei André Heller:

„Wean kannst net dasingen,
Wean kannst net daschreiben,
Wean kannst da nur jeden Tag
frisch unter d' Nasen reiben.“

Genau dazu laden wir Sie ein!

Augarten
Augartenpalais Porzellanmanufaktur
Taborstraße
Nordwestbahnstr.
Nordbahnstraße
Darwingasse
Heinestraße
Novaragasse
Gr. Mohrengasse
U2 Taborstr.
Tegetthoff-Dkm.
U1 U2 Bahnhof Wien Praterstern
Praterstraße
Franzensbrückenstr.
U1 Nestroypl.
Untere Donaustraße
Dampfschiffstraße
Urania
U1 U4 Schwedenpl.
Stubenring
Vd. Zollamtsstraße
Ht.-Zollamtsstraße
Löweng.
Löwengasse
Marxergasse
Sofiensaal
U3 Stubentor
U3 U4 Landstr./Wien Mitte
Stadtpark
St. Elisabeth-Spital
Stadtpark
Am Heumarkt
Beatrixgasse
Reisnerstraße
Landstraßer Hauptstraße
St. Rochus
U3 Rochusg.
Neulinggasse
Arenbergpark
Juchgasse
Jauresg.
Rechte Bahngasse
Ungargasse
Palais Schwarzenberg
Schwarzenberggarten
Rennweg
Rennw.
Fasanplatz
Landstraße
Belvederegarten
Oberes Belvedere
Jacquingasse
Prinz-Eugen-Straße
Obere Bahngasse
Eslarngasse
Ziakpark
Zelman-Park
St. Marx
Landstraßer Gürtel
Schweizer Garten
Arsenalstraße
Ghegastraße
Heeresgeschichtliches Museum
Hauptbahnhof Wien
Hauptbahnhf.
Favoriten
Arsenal
Alfred-Adler-Straße
Sonnwendgasse
Helmut-Zilk-Park
Hlawka
Lilienthalgasse
Landstraßer Hauptstr.
St.-Marxer-Friedhof
Simmeringer Hauptstraße
Leberstraße
A23
R. Hochner-Park
Schlachthausgasse
Baumgasse
A.-Dallinger-Platz
U3 Schlachthausg.
Th.-Klestil-Platz
Sportzentrum Erdberg
Franzosengraben
Modecenterstr.
Hyblerpark
Zippererstraße
U3 Zipperst.
U3 Kardinal-Nagl-Pl.
Dietrichgasse
Erdbergstraße
Erdbergstraße
Wassergasse
Erdberger Lände
Schüttelstraße
Weißgerberlände
Unt. Weißgerberstraße
Hundertwasserhaus
Donaukanal
Vivariumstr.
Zirkuswiese
Rustenschacherallee
Rotundenallee
Konstantinteich
Konstantinhügel
Spenadlwiese
Lagerwiese
Arenawiese
Jesuitenwiese
Forstwiesen
Rustenschacher Allee
Stadionallee
Liliputbahn
Hauptallee
Liliputbahn
Volksprater
Venediger Au-Park
Venediger Au
W.-Schmidt-G.
Stuwerstraße
Ausstellungsstraße
Perspektivstraße
Waldsteingartenstraße
Südportalstraße
Trabrennstraße
StadtBiotop
Rotundenplatz
WU Wien
U2 Krieau
Trabrennbahn Krieau
U2 Messe Prater
Congress Center
MESSE Wien
Messeplatz
Elderschplatz
Machstr.
Vorgartenstraße
Engerthstraße
Ennsgasse
Wohlmutstr.
Walcherstraße
Lassallestraße
Rudolf-Bednar-Park
Vorgartenstraße
Engerthstraße
Handelskai
U1 Vorgartenstr.
Hl. Franz
U1 Donauinsel
Reichsbrücke
Wasserspielplatz
Schiffahrtszentrum Wien
Praterlände
1
2
3
4
5
6
7
8
9
10
11
19

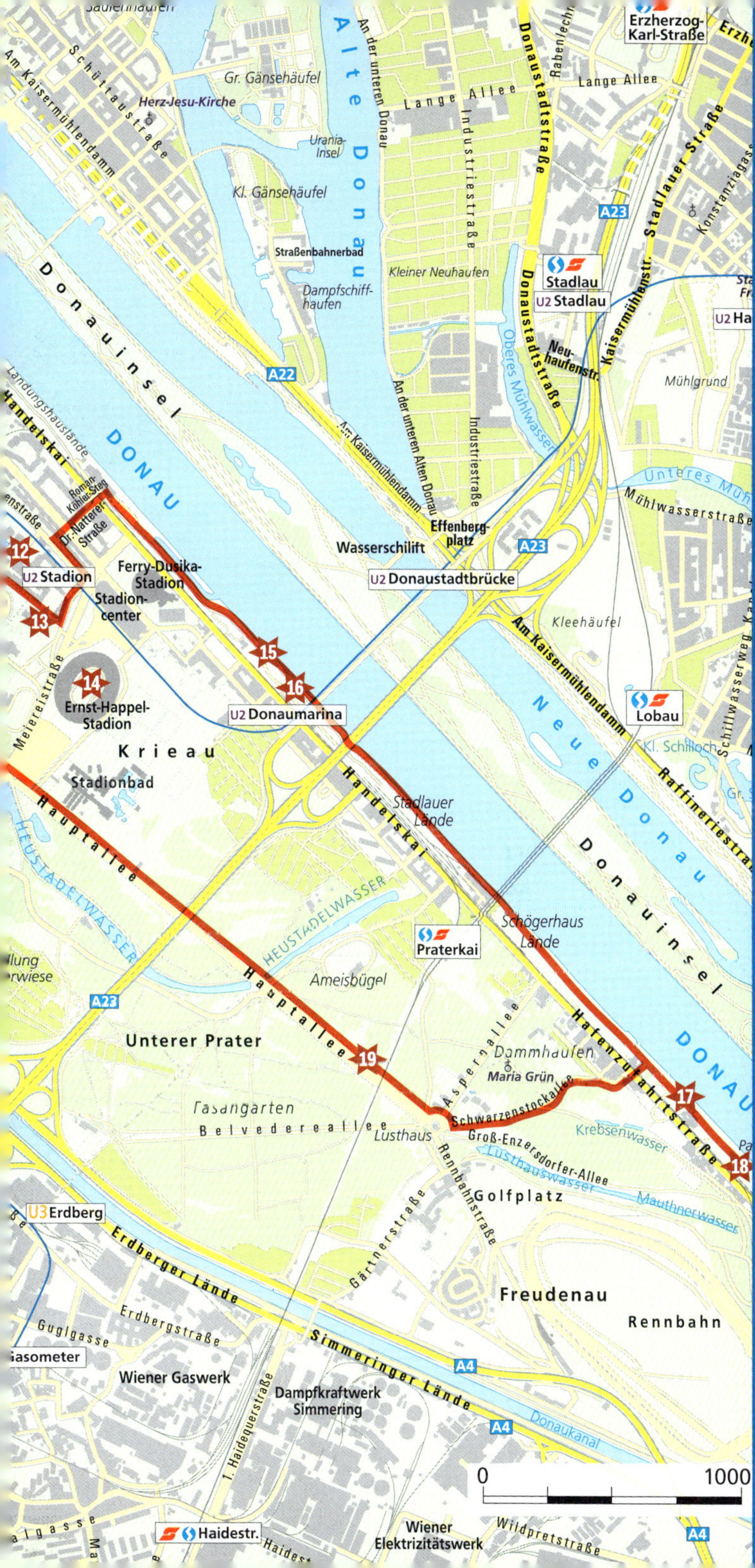

Schüttaustraße
Am Kaisermühlendamm
Herz-Jesu-Kirche
Gr. Gänsehäufel
Alte Donau
An der unteren Donau
Lange Allee
Industriestraße
Donaustadtstraße
Rabenlechn
Erzherzog-Karl-Straße
Urania-Insel
Kl. Gänsehäufel
Stadlauer Straße
Konstanziagasse
A23
Straßenbahnerbad
Dampfschiffhaufen
Kleiner Neuhaufen
Stadlau
U2 Stadlau
Kaisermühlenstr.
U2 Ha
Donauinsel
A22
Neu-haufenstr.
Oberes Mühlwasser
Mühlgrund
An der unteren Alten Donau
Am Kaisermühlendamm
Landungshauslände
Handelskai
DONAU
Roman-Kühnel-Steg
Dr.-Natterer-Straße
Unteres Mühlwasser
Mühlwasserstraße
Effenberg-platz
Wasserschilift
12
U2 Stadion
Ferry-Dusika-Stadion
U2 Donaustadtbrücke
Stadion-center
13
Kleehäufel
Am Kaisermühlendamm
15
Meiereistraße
14
16
Lobau
Ernst-Happel-Stadion
U2 Donaumarina
Neue Donau
Kl. Schilloch
Krieau
Schillwasserweg
Stadionbad
Raffineriestraße
Handelskai
Stadlauer Lände
Hauptallee
Heustadelwasser
Donauinsel
Schögerhaus Lände
Praterkai
Ameisbügel
A23
Hauptallee
Unterer Prater
Asperallee
Dammhaufen
Hafenzufahrtstraße
19
Maria Grün
DONAU
17
Schwarzenstockallee
Fasangarten
Belvedereallee
Lusthaus
Krebsenwasser
Groß-Enzersdorfer-Allee
18
Lusthauswasser
Golfplatz
Rennbahnstraße
Mauthnerwasser
U3 Erdberg
Erdberger Lände
Gärtnerstraße
Freudenau
Erdbergstraße
Rennbahn
Guglgasse
Simmeringer Lände
Gasometer
A4
Wiener Gaswerk
Dampfkraftwerk Simmering
1. Haidequerstraße
A4
Donaukanal
0
1000
Haidestr.
Wiener Elektrizitätswerk
Wildpretstraße
A4

Innenansicht der WU-Bibliothek von Zaha Hadid

1 Prater-Strizzi trifft buddhistischen Mönch

AUSGANGSPUNKT 1., U1/U4-Station Schwedenplatz

ENDPUNKT 2., U1-Station Praterstern

ROUTENLÄNGE ca. 16 Kilometer

DIE ROUTE Etappe 1: 1 Wiener Urania, 2 Theater Hamakom. Etappe 2: 3 Johann-Strauß-Museum, 4 Dogenhof. Etappe 3: 5 Wurstelprater. Etappe 4: 6 Ilgplatz, 7 Circus- & Clownmuseum Wien. Etappe 5: 8 Messeturm, 9 WU-Campus. Etappe 6: 10 Viertel Zwei, 11 Trabrennbahn, 12 Rund Vier. Etappe 7: 13 Bildhauerateliers, 14 Ernst-Happel-Stadion. Etappe 8: 15 Yachthafen Marina, 16 Waterfront, 17 Schiffmuseum Vienna, 18 Friedenspagode. Etappe 9: 19 Prater-Hauptallee

Die Tour führt zu historischen Orten des Freizeitvergnügens – vom Wurstelprater zur Trabrennbahn, von der Prater-Hauptallee zum Yachthafen – und zeigt Wien von seiner lebenslustigen Seite. Wir pendeln zwischen Mythos und Realität – von der Wohnung, in der Johann Strauß (Sohn) seinen berühmten Walzer „An der schönen blauen Donau“ komponierte, zum realen Donaustrom, wo ein frisches Lüfterl weht und Wien sich von seiner maritimen Seite zeigt.

Dabei werden Stadträume erkundet, die im Zuge ihrer Transformation neue Bedeutung erlangt haben und noch erlangen werden, es geht um Urbanität und außergewöhnliche Architektur in den neu errichteten Quartieren.

Bei den ersten Abschnitten der Tour kommt der Sportsgedanke zugunsten der Stadterkundung etwas zu kurz, dafür darf im letzten Teil ordentlich in die Pedale getreten werden.

Etappe 1: Vom Schwedenplatz zum Nestroyhof

Von der U-Bahn-Station kommend wenden wir uns kurz dem Donaukanal zu.

Die beiden Ufer sind sehr verschieden. Es gibt die besonnte Südkante des zweiten Bezirks, die als Chilling-Zone genutzt wird, und die von Radler*innen, Spaziergänger*innen und Grafittikünstler*innen bevorzugte Nordseite.

Wir fahren auf dem Radweg neben der Autostraße flussabwärts auf ein bemerkenswertes Gebäude zu, die 1 **Wiener Urania** (Uraniastraße 1), ein Solitär direkt am Wasser, errichtet auf einem schmalen Grundstücksstreifen und mit einem markanten Turm ausgestattet. Der Architekt Max Fabiani war Otto-Wagner-Schüler und prägte mit seinen Bauten die Städte Wien, Prag und Ljubljana maßgebend. Das 1910 eröffnete neobarocke Volksbildungshaus vereinigt perfekte Raumorganisation – mehrere Vortrags- und Kinosäle einschließlich einer Sternwarte – mit der Lösung einer kniffligen städtebaulichen Aufgabe. Albert Einstein sprach am 13. Jänner 1921 dort über seine aufsehenerregende Relativi-

Die Urania am Zusammenfluss von Donaukanal und Wienfluss

tätstheorie. 1928 wurden in der Urania erstmals Kurztonfilme vorgeführt. Bis heute gehört das dort beheimatete Kino zu den wichtigsten Filmvorführungsstätten der Stadt und ist eines der Festivalkinos der Viennale.

Wir queren den Donaukanal über die Aspernbrücke und gelangen in den zweiten Bezirk, die Leopoldstadt, wegen der vielen jüdischen Bewohner seit dem Ausbruch des Ersten Weltkriegs bis zur Herrschaft des Nationalsozialismus auch „Mazzesinsel" – nach der von den zahlreichen jüdischen Bäckereien dort gefertigten Brotflade, der „Matze" – genannt.

Wir biegen zunächst links in die Praterstraße ein, einst Zentrum des Theaterlebens, vor allem des sogenannten Vorstadttheaters. Vor dem Haus Nr. 17 werfen wir einen Blick auf **Johann Nestroy**, den Genius Loci dieses Abschnitts der Tour.

Das **Denkmal** stellt ihn als den aufgeblasenen, einfältigen Blasius Rohr (aus der 1838 entstandenen Posse „Glück, Missbrauch und Rückkehr") dar, der – ganz nach dem Geschmack des Wiener Publikums – nach einem harten Schicksalsschlag als Halodri weiterlebt. Als Skeptiker, Satiriker und Menschenkenner hat Johann Nestroy bis heute Relevanz, seine Stücke werden immer wieder gerne aufgeführt, das am häufigsten gespielte Stück ist „Der böse Geist Lumpazivagabundus".

Weiter geht es auf dem Radweg auf der rechten Seite der Praterstraße stadtauswärts in Richtung Praterstern.

Auf Nr. 16 der Praterstraße, damals noch Jägerzeile, kam **Arthur Schnitzler** 1862 als Sohn eines angesehenen Arztes, eines Professors der Laryngologie, zur Welt. Sein Geburtshaus kennzeichnet eine **Gedenktafel**. In seiner Autobiografie „Jugend in Wien" erinnert er sich an die Leopoldstadt „als vornehmes und angesehenes Viertel" und erwähnt „Equipagen und Fiaker, die die ‚große, die elegante, die leichtlebige Welt' von Pferderennen oder Blumenfesten aus der ‚Hauptallee' zurück in die Stadt beförderten".

Neben der Ringstraße war die Praterstraße im 19. Jahrhundert der wohl prominenteste Straßenzug Wiens. Viele denkmalgeschützte Häuser zeugen davon. Der Adel ließ sich hier nieder, Cafés und Hotels wurden eröffnet. Doch anders als in der Innenstadt mischten sich hier die unterschiedlichen Bevölkerungsgruppen und sozialen Schichten.

Wo heute der Galaxy Tower steht, befand sich zu

★ UNBEDINGT HINFAHREN

Nestroy-Denkmal → Seite 12
Johann-Strauß-Museum → Seite 14
Dogenhof → Seite 14

Johann-Nestroy-Denkmal in der Praterstraße

Schnitzlers Zeit das Carltheater – hier lebten seine Großeltern und angeblich kam der Bub dadurch früh mit dem Theaterleben in Berührung und es entwickelte sich seine spätere Begeisterung für die Bühne.

Gegenüber dem ehemaligen Carltheater fällt – etwas von der Straße zurückversetzt – ein prächtiges Jugendstilgebäude, der Nestroyhof, auf. Dort befindet sich das 2 **Theater Nestroyhof/Hamakom** (Nestroyplatz 1, www.hamakom.at). „Ha makom" ist Hebräisch und bedeutet „Der Ort". Als „Nestroy-Säle" 1899 eröffnet, war es ein bekanntes Wiener Vergnügungsetablissement mit einem Wirtshaus, einer Bierhalle, einem Restaurant im Wintergarten, einem Theatersaal und einer im ägyptischen Stil gestalteten Tanzbar im Keller. Heute ist man hier auf Stücke an der Schnittstelle zwischen jüdischer Tradition und moderner innovativer Theaterarbeit spezialisiert.

Ebenfalls in diesem Gebäude hat sich 2016 der **Kunstraum Nestroyhof** (Nestroyplatz 1/1/4, www.kunstraum nestroyhof.at) etabliert, wo Ausstellungen zeitgenössischer Kunst sowie Performances, Lesungen, Diskussionen und Symposien stattfinden – kurz alles, was zum Schauen, Hören, Reden und Denken animiert.

Der Radweg entlang der Praterstraße ist meist stark befahren. Dem wollen die Wiener Grünen Abhilfe schaffen: Geht es nach ihren Plänen, soll die ehemalige Prachtstraße wieder zur Flaniermeile werden, mit rund achtzig neu gepflanzten Bäumen und breiteren Radwegen.

Des Walzerkönigs Geige

Etappe 2: Von der Nepomukkirche zum Praterstern

Die **Pfarrkirche zum hl. Johannes Nepomuk** (Nepomukgasse 1) auf der linken Straßenseite, neben der U2-Station Nestroyplatz, stammt aus dem Jahr 1846 und ist denkmalgeschützt.

Auf der rechten Straßenseite folgt auf Nr. 54 ein stattliches Gründerzeithaus, wo sich im ersten Stock die Wohnung befindet, die 3 **Johann Strauß** mit seiner ersten Frau „Jetty", Henriette, von 1863 bis 1870 bewohnte und die heute als **Museum** dient (Praterstraße 54, www.wienmuseum.at, Di–So und Fei 10–13 und 14–18 Uhr). Hier schrieb er 1867 seinen berühmtesten Walzer, „An der schönen blauen Donau", die inoffizielle Hymne Österreichs. Warum nicht eine Pause machen und ihn auf Youtube anhören?

Ein paar Häuser weiter, auf Nr. 70, liegt der 4 **Dogenhof,** erbaut kurz nachdem im Prater das Vergnügungsareal „Venedig in Wien" eröffnet worden war. Als Anspielung darauf wurde die Fassade wie ein venezianischer Palazzo gestaltet. Über dem Portal befindet sich das Relief „Doge mit dem Markuslöwen". Das stuckverzierte Interieur beherbergt das **Supersense** (Praterstraße 70/1, https://the.supersense.com), einen Vintage-Shop, der das analoge Zeitalter noch einmal aufleben lässt. Hier können Schallplatten aufgenommen und Ansichtskarten gedruckt werden. Bisher gab es dazu nur Kaffee und Kuchen, kurz nach dem Lockdown eröffnete das **Restaurant Dogenhof** (Praterstraße 70, www.dogenhof.com, Mo–Sa 9.30–24, So 9.30–17 Uhr). Ausgestattet im Wohnzimmer-Look mit Retro-Möbeln, großer Bar und Schauküche verköstigt es seine Gäste mit Gerichten vom Holzofen, kombiniert mit hausgemachten Saucen, Salsas und Chutneys.

Je mehr wir uns dem Praterstern nähern, desto deutlicher rückt **Admiral Tegetthoff** ins Bild. Sein **Denkmal** dominiert den Platz seit dem 24. September 1886. Es erinnert an einen Moment nationaler Größe, den Sieg in der

Seeschlacht bei Lissa, am 20. Juli 1866 gegen die italienische Flotte im Dritten Italienischen Unabhängigkeitskrieg.

Die Auswahl des Ortes kommt nicht von ungefähr. Hier befand sich zu K.-u.-k.-Zeiten der Nordbahnhof, der größte Bahnhof des Riesenreiches, was für eine hohe Besucherfrequenz sorgte. Von dem 1838 eröffneten Gebäude setzte sich ein Jahr später die erste Dampfeisenbahn des Kaiserreiches in Bewegung und erreichte nach vier Stunden Brünn.

Das neue, 1865 fertiggestellte Gebäude im maurischen Stil übertraf das alte an Größe und prunkvoller Ausstattung. Die dreischiffige Halle war 137 Meter lang und über 32 Meter breit. Im Vestibül war die Marmorstatue des Gründers und Financiers Anselm Salomon Freiherr von Rothschild zu bewundern. Nach dem Zusammenbruch der Monarchie verlor der Bahnhof an Bedeutung, im Zweiten Weltkrieg wurde er durch Bombentreffer stark beschädigt und schließlich abgerissen, viele hätten eine Restaurierung bevorzugt. Die Statue des Begründers steht heute im Jüdischen Museum.

Als wichtiger Verkehrsknotenpunkt – damals wie heute – war der Platz immer wieder Gegenstand städtebaulicher Überlegungen. Angelegt wurde er 1780 als Schnittstelle zwischen dem bebauten Stadtgebiet und dem Prater – ehemals kaiserliches Jagdrevier, das Joseph II. der Wiener Bevölkerung geschenkt hatte.

Sieben Alleen liefen sternförmig auf den Platz zu, daher der Name Praterstern. Diese Struktur wurde im Wesentlichen beibehalten. Das Zentrum bildet seit 1959 der Bahn-

Halb Palazzo, halb Kaffeehaus: der Dogenhof

Das Circus- & Clownmuseum führt in die Welt der Zauberei und Träume

hof Wien Nord, wo U-Bahnen, mehrere S-Bahnen, ÖBB sowie mehrere Straßenbahnlinien Haltestellen haben. Im Laufe der Jahre entwickelte sich der Platz zu einem Un-Ort. Durch den Komplettumbau 2008 sollte sein schlechter Ruf aufpoliert werden. Heute zieht eine mehrere Meter hohe Pergola eine räumliche Grenze zwischen dem Straßenverlauf und dem Bahnhofsvorplatz. Die kühne Dachkonstruktion des Gebäudes soll als Entree für den neu geschaffenen Stadtteil dahinter wahrgenommen werden.

Um die Tour fortzusetzen, nehmen wir die Fußgängerunterführung Praterstern/Ausstellungsstraße.

Nachdem der legendäre Musik- und Kunstklub Fluc_1 den Umbauarbeiten am Praterstern hat weichen müssen, wurde diese Fußgängerunterführung samt ehemaliger öffentlicher WC-Anlage zum Ausgangspunkt für das **Fluc_2** (Praterstern 5, www.fluc.at), einen Nachtclub auf zwei Etagen mit DJs und Konzerten unten und zwangloser Bar oben. Fixpunkt der Wiener Nacht- und Musikszene.

Etappe 3: Vom Wurstelprater ins Stuwerviertel

Dem Radweg folgend fahren wir unter der Unterführung durch, überqueren bei der Ampel die Fahrbahn, sehen rechter Hand das **Riesenrad** (Riesenradplatz 1, wienerriesenrad.com) und in seinem Schatten den 5 **Wurstelprater** (www.praterwien.com).

Wiens 1897 errichtetes Wahrzeichen brannte während des Zweiten Weltkrieges fast völlig aus und wird

seit der Wiedereröffnung nur mehr mit der Hälfte der Waggons geführt. Das hinderte es aber nicht daran, in zwei Hollywoodstreifen die Hauptrolle zu spielen: In „Der dritte Mann“ mit Orson Wells und im James-Bond-Abenteuer „Der Hauch des Todes“ mit Timothy Dalton.

Die älteste noch bestehende Prater-Attraktion ist der Toboggan, ein hölzerner Rutschturm, 1913 errichtet und nach den Brandschäden im Zweiten Weltkrieg originalgetreu wieder aufgebaut. Der Watschenmann galt lange Zeit ebenfalls als Wahrzeichen. Genauso wie der Calafatti – die neun Meter hohe Figur eines Chinesen. Sie wurde 1945 ebenfalls völlig zerstört und lebt heute nur als Nachbildung weiter.

Die unbestritten älteste Attraktion ist jedoch das mit einer mechanischen Orgel ausgestattete Ponykarussell, das 2016 nach 129-jährigem Einsatz aufgrund massiver Proteste von Tierschützern eingestellt worden ist und demnächst als Kaffeehaus wiedereröffnet wird.

So verlockend eine Tour durch den Wurstelprater jetzt wäre, wir bleiben auf Kurs und folgen dem Radweg entlang der Ausstellungsstraße, benannt nach der Weltausstellung 1873, deren Pavillons einen großen Teil des Praters einnahmen, designt von keinem Geringeren als Carl Hasenauer, dem Wien u. a. das Kunsthistorische und das Naturhistorische Museum, das Burgtheater und die Neue Hofburg verdankt. Zentraler Bestandteil war die von einer Kuppel gekrönte Rotunde, die damals die größte ihrer Art war und das Pantheon in Rom übertraf. 1937 fiel sie einem Großbrand zum Opfer.

Die Grünfläche auf der gegenüberliegenden Straßenseite heißt „Venediger Au" und erinnert an die künstliche Lagunenstadt, die 1895 hier angelegt worden war. Ein Themenpark, würde man heute sagen. Jedes Jahr im Sommer kam eine neue Attraktion hinzu. Später wurden die Lagunen trockengelegt und ein riesiges Theater an ihrer Stelle errichtet.

Etappe 4: Durchs Stuwerviertel

Benannt nach dem K.-u.-k.-Feuerwerker und Ballonfahrer Johann Georg Stuwer, ist dieses beschauliche Viertel ein Überbleibsel vom Wien der Jahrhundertwende. Klassische Altbauten, viele kleine Nahversorger – vom Angler-Shop über den türkischen Friseur bis hin zur Änderungsschneiderei und dem Schuhservice – und eine überraschend hohe Dichte an Wirtshäusern und Cafés charakterisieren das Dreieck zwischen Ausstellungsstraße, Vorgartenstraße und Lasallestraße.

Dass das hier früher ein gefährliches Pflaster war, ist schwer vorzustellen. Die Prater-Strizzis – Zuhälter und Kleinkriminelle – sind jungen Paaren gewichen, die Straßen, durch die die Freier einst kurvten, wurden mit Bollern versehen und verkehrsberuhigt, die Prostitution durch ein 2011 in Kraft getretenes Gesetz im Wohngebiet verboten. Dass 2013 in unmittelbarer Nachbarschaft die Wirtschaftsuniversität (siehe Etappe 5) einzog, sorgte für einen radikalen Wandel der Szene. Mit einem Schlag gingen die Mietpreise

Das Gasthaus Möslinger, ein Stück Waldviertel in Wien

Das Stuwer, Neo-Beisl mit schöner Schank

in die Höhe. Anstelle der muskelbepackten Typen mit Goldketterl und Tattoo am Unterarm bevölkern junge Männer mit Hipsterbärten die Cafés.

Wir biegen links in die Wolfgang-Schmälzl-Gasse ein und bremsen vor dem Schanigarten vom **Gasthaus Möslinger** (Stuwerstraße 14, www.gasthausmoeslinger.at, Di–Sa 11.30–23 Uhr) ab. Der Familienbetrieb existiert in zweiter Generation und ist aus dem Stuwerviertel nicht mehr wegzudenken. Neben Schremser Bier stehen auch andere Waldviertler Spezialitäten wie gebackener Karpfen oder Apfel-Mohn-Torte auf der Karte.

Weiter geht es nach rechts in die Stuwerstraße. Wir werfen einen Blick in die Auslage der **Buchhandlung Stuwerbuch** von Alban Knoll (Stuwerstraße 42, www.stuwerbuch.at), der Kleinverlage favorisiert und Bücher im Sortiment führt, die woanders zu wenig Aufmerksamkeit bekommen.

Auf der gegenüberliegenden Straßenseite folgt Ecke Sebastian-Kneipp-Gasse das **Stuwer** (Stuwerstraße 47, www.stuwer.com, Mo–Sa 17.30–23, So und Fei 12–22 Uhr), ein Neo-Beisl, das unter Toskanaschirmen auf einer Erweiterung des Gehsteigs seine Tische ausbreitet. Blickfang im Inneren ist die alte, mit Leder verkleidete Schankanlage. Was auf den Tisch kommt – ob selbstgemachte Pasta oder mit dem Messer fein geschnittenes Beef Tatar –, ist hausgemacht und wird mit Liebe zum Detail serviert.

Wir fahren zurück bis zur Schrotzberggasse, biegen rechts ab und erreichen den 6 **Ilgplatz.**

★ Johann Georg Stuwer (1732–1802) übersiedelte vom bayrischen Ingolstadt nach Wien, wo er am 27. Mai 1774 sein erstes Feuerwerk – genannt „Des Confucius Luftgebräu" – veranstaltete.

Aus zeitgenössischen Berichten geht hervor, dass er Sprüche, figurale Szenen, ja sogar Landschaftsbilder auf den Himmel über Wien „zaubern konnte". Besonders beliebt waren Nachbildungen historischer Schlachten. Das Spektakel dauerte etwa 45 Minuten und bestand aus mehreren Abfolgen von Bildern und einer sogenannten „Hauptdekoration". Vom bevorstehenden Mega-Event erfuhren die Wiener*innen durch einen uniformierten Ausrufer, der in Begleitung eines Trommlers durch die Straßen zog. Der Eintrittspreis betrug 1775 auf der „noblen Galerie" einen Gulden und 40 Kreuzer. Bei gutem Wetter und Zuschauerzahlen von bis zu 25.000 Menschen ergab das einen Tagesumsatz von unvorstellbaren 6000 Gulden, also rund 121.000 Euro.

Hinzu kam der Erlös aus dem Verkauf pyrotechnischer Artikel für private Feuerwerke. Sie hatten so schwungvolle Namen wie „Chinesischer Baum" oder „Brillantensonne". Bei ihrer Herstellung flog Stuwers Laboratorium allerdings zwei Mal in die Luft, im Sommer 1774 und im Oktober 1785.

Hier zeigte der Namensgeber des Viertels, Johann Georg Stuwer, seines Zeichens Meister der Pyrotechnik und Spezialist für Feuerwerke, seine Kunst, richteten die Menschen ihren Blick erwartungsvoll nach oben, bis Myriaden von Lichtern den Himmel erhellten.

Seine Nachkommen führten das Business bis zu den Vorbereitungen für die Weltausstellung 1873 im Prater fort. Dann verschwand die Familie Stuwer. Das Stuwerviertel blieb.

Da der zweite Bezirk ein sogenanntes Ziel-2-Gebiet der EU ist, konnte für die Umgestaltung des Platzes eine Förderung beantragt werden. Eine Bedingung allerdings war daran geknüpft: Der neue Freiraum sollte Kommunikationsort für das Grätzel werden – innovativ und geschlechtssensibel ausgestaltet.

Im Jahr 2004 wurde das kreisförmige Fleckchen Grün seiner Bestimmung übergeben, und siehe da, der Platz, einst von den Leser*innen einer großen Boulevardzeitung „zum hässlichsten von Wien" gekürt, präsentierte sich mit gänzlich neuem Gesicht. Die nach innen geneigten Rasenflächen erzeugen den Eindruck einer Schale und vermitteln Geborgenheit. Aus kraterartigen, von Pflastersteinen gebildeten Hügeln sprießen Blumen. Ein Wasserbecken zum Pritscheln gibt es ebenso wie ein Turngerät.

Der Ilgplatz, Zentrum des Stuwerviertels

Rund um das kreisförmige Areal etablierte sich eine bunte Szene.

Ecke Hillerstraße ist das **Café dezentral** (Ilgplatz 5, facebook.com/dEZENTRAl), der Platzhirsch sozusagen. Es fungiert tagsüber als Café und abends als Bar, wo auch Lesungen und Konzerte stattfinden. In einem Song aus dem Repertoire des Nino aus Wien heißt es:

„Im Stuwerviertel in da nocht
Die Kiwara sand immer woch
Des Dezentral hod meistens offen
Am Stern woins da an Shit verkaufen ...“

Vis-à-vis wird in der **mokkathek** (Ilgplatz 6/Top 4) ein starker Espresso mit einem süßen Brownie serviert.

Gleich im Anschluss folgt das 7 **Circus- & Clownmuseum Wien** (Ilgplatz 7, www.circus-clownmuseum.at, So 10–13 Uhr, Eintritt frei), „Archiv der wirklichen Träume und geträumten Wirklichkeiten“, wie es André Heller einmal bezeichnet hat. Jedenfalls so etwas wie eine Dokumentationsstelle der Zirkustradition im Zweiten. Schon 1927 hatte der Gründer, Heino Seitler, seine Privatsammlung der Öffentlichkeit zugänglich gemacht. Danach war sie im Leopoldstädter Bezirksmuseum untergebracht gewesen, bis sie schließlich ins Stuwerviertel übersiedelte. Viele bekannte Künstler aus der Zirkus- und Showwelt, von Freddy Quinn über Oleg Popov bis hin zu David Copperfield oder Jango Edwards, konnten als Gäste begrüßt werden. Gleich um die Ecke, in der Hillerstraße, befindet sich der **Leopoldstädter Deewan** (Hillerstraße 4, www.deewan-shani.at, Mo–Fr

11–22, Sa, So 12–22 Uhr). Jeder zahlt fürs orientalische Buffet so viel, wie er oder sie will bzw. kann.

Wir nehmen links die Schönngasse, fahren auf dem Fuß-, Radweg weiter bis zur Jungstraße, in die wir links einbiegen, und erreichen rechts über die Wohlmutstraße den **Vorgartenmarkt.**

Die bunten Street-Art-geschmückten Fassaden konkurrieren mit einem historischen Wandmosaik aus den Sixties, das Hausfrauen beim Einkaufen zeigt, überstrahlt von einer lachenden Sonne. Heute besteht die Klientel längst nicht mehr nur aus Mammis. Man kommt auch nicht mehr nur hierher, um einzukaufen, sondern um zu chillen oder einen Happen zu essen.

Zum Beispiel moderne, von ihren Ritualen befreite japanische Küche mit internationalem Touch in der **Mochi Ramen Bar** (Stand 19 und 29, www.mochi-ramen.com, Di–Sa 11.30–19, Fr 12–22 Uhr), der kleinen Schwester des immer gut besuchten Lokals in der Praterstraße.

Oder eine neapolitanische Pizza im **Il Mercato** (Stand 4, pizzeria-il-mercato.business.site, Mo–Fr 12–22, Sa 11–22 Uhr).

Zum Abschluss eventuell ein Nougattörtchen bei **Ella's Twins** (Stand 13, www.ellas-twins.at, Mo und Sa 8–16, Di–Fr 8–18 Uhr)?

Und als Wegzehrung noch ein Bio-Käsestangerl von der Holzofenbäckerei **Gragger & Cie** (Stand 14–15, Di–Fr 6–18, Sa 8–14 Uhr).

Wir verlassen den Markt, fahren zurück zur Wohlmutstraße und machen kurz vor dem Wohnblock Nr. 14–16 halt – einen klassischen **Gemeindebau**, gut erkennbar an den Torbögen, den Fenstern und spitz zulaufenden Erkern und natürlich an der Inschrift in roten Lettern über dem Eingang: „Erbaut von der Gemeinde Wien in den Jahren 1927–1928 aus den Mitteln der Wohnbausteuer". Diese Abgabe auf Konsumgüter und -leistungen – z. B. Autos, Pferde, Hauspersonal, den Besuch von Vergnügungslokalen – war in ganz Europa einzigartig und wies Wien bei der Bekämpfung der Armut eine Vorreiterrolle zu.

Wir fahren die Wohlmutstraße weiter vor und stoßen Ecke Obermüllnerstraße wieder auf ein Neo-Beisel, das **brösl** (ehem. Wohlmutstüberl, Wohlmutstraße 23, www.broesl.at) mit einladendem Gastgarten. Betreiber ist Thomas Zajac, Ex-Profisegler, der bei den Olympischen Spielen in Rio eine Bronzemedaille gewann.

★ **UNBEDINGT HINFAHREN**

Circus- & Clownmuseum Wien → Seite 21

Vorgartenmarkt → Seite 22

Max-Winter-Park → Seite 23

Neue Gastro-Hotspots am Vorgartenmarkt

Weiter geht es rechts durch die Obermüllnerstraße bis zum **Max-Winter-Park**, ein Wahrzeichen des Stuwerviertels. Mit seinen Klettergerüsten, den Wasserspiralen, der Sand-Matsch-Zone, den Schaukeln, den Fitnessgeräten, dem Trampolin und dem Käfig für Fußball und Volleyball lässt diese Grünoase im dichtbesiedelten Wohngebiet kaum Wünsche offen.

Die ältere Generation freut sich über das Schach, die Hängematten und die bunten Liegestühle. Die lebendige Soundkulisse dazu schaffen die Kinder aus der nahe gelegenen Schule, die den Park in den Pausen nützen.

Einige einschlägige Lokale erinnern aber noch an die Vergangenheit.

Im **Café Pam-Pam** (Obermüllnerstraße 1, Mo–Sa 9–2 Uhr) z. B. verkehrte einst die Wiener Halb- und Unterwelt, das behauptet zumindest Freddy „Cadillac" Rabak, der hier aufgewachsen ist und einen Bestseller schrieb. In „Adieu Rotlicht-Milieu" erfährt man alles über die Wiener Unterwelt der 1970er- und 80er-Jahre und kommt zu dem Schluss, dass die Szene im Stuwerviertel tatsächlich „tot" ist.

Im **Café am Park** (Max-Winter-Platz 8, facebook.com/cafe.conditorei.am.park, Mo–So 8–21 Uhr) liegt der Duft von Zuckerguss und heißer Schokolade in der Luft, es gibt den ganzen Tag über Frühstück und beliebte Kaffeehaus-Renner wie den Schinken-Käse-Toast mit Ketchup.

Ein paar Häuser weiter wird in Form der Mini-Location **The Cake Tree** (Wolfgang-Schmälzl-Gasse 14, facebook.com/thecaketree

Das Teaching Center (D1) am WU-Campus im Abendlicht

wien, Di–Fr 7–19, Sa und So 9–18 Uhr) die moderne Version der Café-Konditorei zelebriert. In dem unschuldig weißen Puppenstuben-Interieur türmen sich hinter der Theke Miniaturtörtchen und Tartes mit verführerischen Geschmacksrichtungen wie Minze, Kürbis, Zitronenbaiser und Schokolade-Himbeere.

Wir fahren die Wolfgang-Schmälzl-Gasse wieder vor zur Ausstellungsstraße und haben das Blumenrad – den kleinen Bruder von Wiens Wahrzeichen, dem Riesenrad – im Blick.

Etappe 5: Von der Ausstellungsstraße zum WU-Campus

Nach dem Parkhaus „Garage Prater" biegen wir rechts in die Perspektivstraße ein und sehen ein weiteres vertikales Landmark-Gebäude des zweiten Bezirks: den 2002 fertiggestellten zylindrischen, achtstöckigen 8 **Messeturm** von Stararchitekt Gustav Peichl. Wir folgen dem Radweg weiter bis zum Welthandelsplatz, der eigentlich eine Straße ist, benannt nach der Hochschule für Welthandel, der Vorgängerin der Wirtschaftsuniversität, unserem nächsten Ziel.

Die orange-gelbe Fassade des langgestreckten Gebäudes, das wir vor uns sehen, kündigt den 9 **WU-Campus** (Welthandelsplatz 1, www.wu.ac.at) an. Die feierliche Eröffnung fand am 4. Oktober 2013 statt. Sechs Gebäudekomplexe, geplant von sechs verschiedenen internationalen Architektenteams, sind locker über eine Fläche so groß wie zwölf Fußballfelder verteilt. 35.000 Quadratmeter wurden verbaut, der Rest sind Freiräume, die von allen benützt werden können. Es gibt keinen Haupteingang. Von allen Seiten zugänglich, ohne Zäune, soll der Campus am städtischen Leben teilnehmen und auch für Außenstehende attraktiv sein. Die Gebäude können besichtigt werden.

Das Areal ist autofrei und ist von einem Boulevard in Ost-West-Richtung durchzogen. Für Orientierung sorgen blaue Infosäulen, die auch die Fahrradwege anzeigen.

Bei einer solchen Säule biegen wir links ab. Angekündigt wird D5, AD und D3. Dazu muss man wissen, dass die Uni nicht nach Instituten, sondern nach Departements organisiert ist, auf die die Abkürzungen verweisen.

Eine Welt für sich, futuristisch! Tatsächlich war der Campus in der kurzen Zeit seines Bestehens bereits mehrmals Schauplatz von Science-Fiction-artigen Thrillern.

Für den Film „MindGamers" (2015) unter der Regie von Andrew Goth gibt er die Kulisse einer Elite-Uni ab, an der ein paar junge, geniale Studenten an einer Erfindung tüfteln, die ihre Gehirne kabellos miteinander verbinden soll. Auch die Filmemacherin Ruth Mader bezieht das coole, futuristische Design in ihre kafkaeske Dystopie „Life Guidance" (2017) mit ein.

Und im 2017 ausgestrahlten Tatort „Schock" durfte der Campus ebenfalls als Kulisse für universitären Leistungsdruck und kriminelle Machenschaften herhalten.

Der poppige Gebäudeteil D3, durch dessen Höfe unsere Route jetzt führt, wurde von dem Londoner Sir Peter Cook entworfen. Die Farbgestaltung soll Leichtigkeit versprühen und setzt sich im Inneren in noch extremerer Form fort.

Pingpong vor dem poppigen Departement 3

Der verspiegelte, turmartige Bau direkt gegenüber ist das Gebäude AD der spanischen Architekten NO.MAD Arquitectos. Hier hat die Verwaltung der WU ihren Sitz. Ein Eyecatcher!

Im Inneren wird mit Sichtbeton, raumhohen Spiegelwänden, Metall und schwarzem Leder die Atmosphäre eleganter Vorstandsetagen erzeugt.

Die Erdgeschoßzone mit Aula und Café ist – wie auch das Restaurant im obersten Stockwerk – öffentlich zugänglich. Das 🍴 **Finn Wien** (Executive Academy, Gebäude EA, Welthandelsplatz 1, www.dasfinn.at, Mo–Fr 11–15 Uhr) liefert mit täglichen Mittagsmenüs nicht nur die nötigen Kalorien, um gut durch den Tag zu kommen, sondern dazu auch noch Wohlfühl-Food für zwischendurch wie Mango-Milchreis und diverse Smoothies in poppigen Farben.

Dem Administrationsgebäude (AD) gegenüber liegt das Departmentgebäude D4 des spanischen Architekturbüros Estudio Carme Pinós. Auf der weißen Fassade sind dunkle Fensteröffnungen mit faltbaren Schiebeläden aus Aluminium nach einem bestimmten Muster verteilt. Das Ganze wirkt wie ein Puzzle.

Das 🍴 **Baschly** (D4, Welthandelsplatz 1, baschly.com, Mo–Do 11–17, Fr 11–15 Uhr) verspricht seinen Gästen „Essen wie in Tel Aviv“ und ist somit die richtige Adresse für Freunde von Humus, Falafel und Co. Alles aus frischen Zutaten natürlich!

Das Herzstück des Campus ist das Library & Learning Center von Zaha Hadid Architects, das dem sich nähernden Fußgänger den gleichen Respekt abnötigt wie die Kathedralen des Mittelalters den Menschen vor tausend Jahren.

Der untere Bauteil gleicht einem weißen Schiffsrumpf, ihm ist als Dach das dunkle Lesezentrum aufgesetzt, das hoch über dem Erdboden imposante 36 Meter weit in den Campus hinausragt.

Im Inneren des Gebäudes werden Besucher*innen über Rampen und Treppen nach oben geleitet. Das Bibliothekszentrum erstreckt sich über sechs Geschoße. Die Aussicht vom Lesezentrum über die Bäume des Praters hinüber zur Silhouette der Altstadt ist sensationell!

Im 🍴 **Library Cafe & Roastery** (www.library-cafe.at, Mo–Fr 7.30–15, Sa und Fei 9–15 Uhr) werden günstige Menüs wahlweise mit Fleisch oder vegetarisch angeboten.

Neben der Bibliothek von Zaha Hadid Architects ist das Teaching Center (D1) des Wiener Büros BUSarchitektur das öffentlichste der Gebäude am Campus. Schon die Stufen davor bieten sich zum Socializen oder einfach nur Leute-Beobachten an. Die auffällige

Zaha Hadids Library and Learning Center – Symbol der neuen WU

Außenhaut aus Cortenstahl schimmert je nach Sonneneinstrahlung in unterschiedlichen Tönen von Dunkelrot bis zu leuchtendem Orange.

Egal, ob man Hunger verspürt oder nicht, ein Besuch der **Mensa** – erreichbar über eine Außentreppe – gilt als Must (D1, Welthandelsplatz 1, Mo–Fr 8–18, warme Küche 11–15 Uhr). Tische und Bänke gleichen jenen auf einem Picknickplatz, und statt auf weiße Wände zu starren, blickt man beim Essen auf Glaspaneele, die dichtes Grün suggerieren. Ganz wie in der Natur erzeugen LED-Lichter je nach Tageszeit verschiedene Stimmungen. Im Sommer steht auch noch ein ziemlich einzigartiger Dachgarten zur Verfügung.

Dem nicht genug, gibt es eine mit dem Gütesiegel der Stadt Wien ausgezeichnete Self-Service-Station, bei der alle Speisen zu hundert Prozent bio und vegetarisch bzw. vegan sind.

Den Abschluss der Campus-Tour bildet das Gebäude D2 des japanischen Ateliers Hitoshi Abe, bestehend aus zwei länglichen, schlanken Baukörpern. Die Fassadengestaltung ist der Blätterteig-Süßspeise Millefeuille nachempfunden und soll Durchlässigkeit, Nähe, Sichtschutz und interessante Perspektiven ermöglichen.

Etappe 6: Vom WU-Campus zum Viertel Zwei

Wir verlassen den Campus beim Teaching Center am Nordende, gelangen zur Trabrennstraße und sehen vor uns – wie schwarze Pilze auf grüner Flur – zwei der sieben „Rondo" genannten Wohnbauten aufragen. Sie kündigen das Viertel Zwei an, ein neu entstandenes Stadtentwicklungs-

Die Trabrennbahn aus 1878, gesäumt von neuen Wohnbauten

gebiet, das sich bis 2023 noch weiter ausdehnen wird.

Die Straße ist von Neubauten gesäumt und führt zur Messe Wien sowie zur U2-Station Krieau. Am Ende der Geraden sehen wir den sichelförmigen Bau Hoch Zwei aufragen, er beherbergt die Konzernzentrale der Österreichischen Mineralölverwaltung (OMV) und bildet das Entree zum 10 **Viertel Zwei** (www.viertel-zwei.at).

Wir biegen links in die Trabrennstraße ein und fahren bis zu einem kleinen Platz, auf dem ein Springbrunnen plätschert. Hier breitet **Das Glashaus** (Am Grünen Prater 11, www.dasglashaus.at, Mo–Fr 11.30–22, Sa 9–22, So 9–18 Uhr) zwischen Olivenbäumchen seine Tische aus und sorgt für einen Hauch von Ibiza-Flair. Ein zweiter Schanigarten grenzt direkt an die Trabrennbahn. Büro-Mitarbeiter*innen sollen sich *after work* an einen Beachclub erinnert fühlen, was tatsächlich gelingt, wenn die Sonne untergeht und in der Dunkelheit die Laternen und Lichterketten erstrahlen. Dass die Küche mit hausgemachten Gnocchi (mit Kürbis und Ziegenkäse) und Knödelgerichten aufwartet, bringt Abwechslung in den Burger-Alltag.

Wir biegen hier rechts ab und gelangen zur 11 **Trabrennbahn,** die Adresse heißt „Am grünen Prater". Die 2017

★ UNBEDINGT HINFAHREN

WU-Campus → Seite 24
Krieauer Beisl/
Trabrennbahn → Seite 28
Viertel Zwei → Seite 28

hier fertiggestellten Appartement- und Bürohäuser tragen die Namen „Milestone", „Denk Drei" oder „Studio Zwei".

Letzteres ist Österreichs erstes Vertical-Green-Gebäude. Das Prinzip: vor der Fassade wird durch in Trögen gepflanzte und automatisch bewässerte Gewächse eine vertikale Grünfläche geschaffen. So haben die Bewohner*innen, wenn sie auf ihren Balkonen sitzen, einen Vorhang aus lebendigem Grün vor sich. Das steigert nicht nur die Wohnqualität, sondern senkt auch den Energiebedarf.

Grünflächen und Wege bilden einen fließenden Übergang von einem Gebäude zum anderen. Unsere nächste Station heißt 12 **Rund Vier** (Stella-Klein-Löw-Weg 11–17). Auffallend ist neben der Fassade mit ihren effektvollen Spiegelungen der Grundriss in Form eines Kipferls, der für maximal natürliches Licht im Inneren des Bürohauses sorgt.

Mittlerweile haben wir den Stella-Klein-Löw-Weg, die Hauptstraße des Viertels, erreicht. Sie ist als Uferpromenade angelegt und säumt einen 5000 Quadratmeter großen künstlichen See. Am Ufer, versteckt unter Bäumen, stehen vereinzelt Sitzmöbel, die sehr bequem sind und einen diskreten Mittagsschlaf zulassen.

Im Wasser spiegeln sich die kantigen Silhouetten der Bürobauten „Plus Zwei", „Biz Zwei" (Architekt: Martin Kohlbauer) und „Stella Zwei" (Architekten: Zechner & Zechner).

Wie aus Bauklötzen zusammengefügt wirkt dagegen das alte Lagerhaus aus 1910, das renoviert und revitalisiert jetzt zum Bürohaus „Loft Zwei" wurde.

Am Ende des Stella-Klein-Löw-Wegs tauchen die Umrisse historischer Bauten auf, beim Näherkommen ist Stallgeruch wahrzunehmen.

Rund um diese denkmalgeschützten Stallungen wird Viertel Zwei bis 2023 weiter wachsen. Auch die desolaten Tribünen der Trabrennbahn sollen in Abstimmung mit dem Bundesdenkmalamt einen neuen Anstrich und eine neue Bestimmung erhalten. Bis alles fertiggestellt ist, werden hier rund 15.000 Menschen wohnen, arbeiten und ihre Freizeit verbringen.

Wir fahren entlang der Krieaupromenade und haben bei einem Stopp im **Krieauer Beisl** (Krieau 248, www.krieauerbeisel.wien, Mo–Fr 10–15 Uhr, und an allen Renntagen) nochmals Gelegenheit, das Geschehen auf dem Rennplatz mitzuverfolgen.

Meist handelt es sich um Trainingsfahrten, denn die Zeiten der großen Pferderennen sind vorbei. Anfang des 20. Jahrhunderts war Österreich-Ungarn in dem Sport international tonangebend, auch in den 1960er-Jahren kamen noch Zigtausende zu den Rennen. Doch seit es elektronische Wettbüros gibt, ist es still geworden auf der zweitältesten sich noch in Betrieb befindlichen Trabrennbahn der Welt (www.krieau.at).

← Hoch Zwei, Büroturm am Eingang zum Viertel Zwei

Etappe 7: Von den Praterateliers zum Treppelweg am rechten Donauufer

Wir halten uns rechts (bei Redaktionsschluss im Jänner 2021 befand sich hier eine Baustelle) und fahren südöstlich des Trabrennplatzes entlang, gelangen auf einen Spazierweg, der an einem eingezäunten Grundstück entlangführt. Durch den Maschendraht des Zaunes erhaschen wir einen Blick auf zwei historische Gebäude und einige im weitläufigen Park verstreute Skulpturen.

In unmittelbarer Nachbarschaft zu den topmodernen Wohn- und Bürobauten bezeugen diese beiden Gründerzeit-Pavillons, dass die Weltausstellung 1873 in Wien tatsächlich stattgefunden hat. Die ehemaligen Ausstellungsgebäude wurden 1875 von Kaiser Franz Joseph I. zur weiteren Nutzung als 13 **Bildhauerateliers** freigegeben und dienen bis heute – seit mittlerweile 145 Jahren! – renommierten österreichischen Künstlern als Ateliers.

Die Straße, in die der Spazierweg mündet, ist die Meiereistraße. Bei Nr. 3 sehen wir die offizielle Tafel, die die Ateliers als Eigentum der BIG ausweist, und neben den Türklingeln lesen wir so prominente Namen wie Hrdlicka, Kupelwieser, Kollnitz und Gansterer.

Der Name Meiereistraße geht auf ein ehemaliges k.k. Jagdschloss zurück, das von

Im Garten der Bildhauerateliers

einem Förster und seiner Frau betrieben wurde. Angeblich ließ sich Kaiserin Elisabeth bei ihren morgendlichen Ausritten hier immer ein Glas Milch kredenzen. Das Jagdschloss erlangte daraufhin ungeheu-

★ **UNBEDINGT HINFAHREN**

Blick donauaufwärts Richtung Innenstadt → Seite 34
Schiffmuseum Vienna → Seite 35
Friedenspagode → Seite 36

re Popularität und entwickelte sich – besonders nach der Neueröffnung als „Meierei Krieau" im Mai 1877 – zu einer beliebten Jausenstation und Treffpunkt der Aristokratie.

Heute dominiert ein ganz anderes Gebäude den Straßenzug: Das 14 **Ernst-Happel-Stadion**, größtes Fußballstadion des Landes und nach Ernst Happel – dem Publikumsliebling bei Rapid und späteren Trainer mehrerer ausländischer Teams – benannt. Aufgrund seiner eigenwilligen Art wurde Happel häufig als „Grantler" bezeichnet. Das Stadion ist denkmalgeschützt.

Wir fahren links vor Richtung U-Bahn-Station, unter den Stützpfeilern durch und biegen links in die Vorgartenstraße ein.

Bei der ersten Ampel halten wir uns rechts und fahren entlang des Weges, der durch die Wohnanlage „Wien Süd" hindurchführt. Wir überqueren die Engerthstraße und gelangen in die Doktor-Natterer-Gasse: Vis-à-vis von Nr. 6 geht ein Fuß- und Radweg weg, beschildert als Radroute „Rechter Donaudamm", hier biegen wir ab. So gelangen wir auf den Roman-Köhler-Steg, der Fußgänger*innen und Radfahrer*innen über die Bahngleise und die Autostraße ans rechte Donauufer bringt.

Einst wurde hier Getreide von den Schiffen auf die Bahn verladen und umgekehrt, heute beherbergt der 1912 erbaute und 1988 restaurierte Speicher das Hotel **Hilton Vienna Danube Waterfront** (Handelskai 269, www.hilton.com).

Wir folgen dem Radweg stromabwärts Richtung Marina Wien. Da der Damm weit über dem Straßenniveau liegt, überblicken wir gut die Bauwerke am Handelskai. Bevor es 2021 abgerissen wurde, stand hier das kreisrunde Radstadion, wo auf einer Holzbahn bei sechzig Stundenkilometer trainiert wurde. Da Ferry Dusika, dem österreichischen Radrennmeister, nach dem es benannt war, eine Nähe zur NSDAP nachgesagt wird, dachte man über eine Umbenennung nach. Zuletzt war das Stadion 2015 als Flüchtlingsquartier in die Schlagzeilen gekommen. Nun wird an seiner Stelle 2023 eine neue Sportarena entstehen.

Etwas bescheidener nimmt sich dagegen das **Gasthaus Mehler** (Handelskai 338, www.gasthaus-mehler.at, Mo–Fr 6.45–22 Uhr) aus. Den Namen sollte man sich vormerken, nicht nur wegen der lauschigen Pergola im Garten, sondern auch wegen des Schnitzels, das zu den besten Wiens gehört.

In der Ferne sehen wir die 2010 eröffnete elegante Tragseilbrücke, errichtet, als die U2 Richtung Aspern verlängert wurde.

Etappe 8: Vom Yachthafen Marina zur Friedenspagode

Wenn man das Wort Yachthafen hört, denkt man eher an Orte wie St. Tropez, Nizza oder Monte Carlo. Aber nein! Der 15 **Yachthafen Marina** in Wien bietet für 250 Boote Liegeplätze. Davon sind rund 150 ausgebucht, Tendenz steigend. Es gibt sie also auch in Wien, die Freizeitkapitäne. Verköstigt werden sie im **Marina Restaurant** (Handelskai 343, www.marina-restaurant.at), das, wie es sich gehört, auch Fischspezialitäten auf der Karte hat.

Die Donau beim Handelskai

Auf der Höhe der U2-Station Donaumarina wurde eine Rampe angelegt, über die man in die Wehlistraße gelangt (falls man sich dort etwas genauer umsehen möchte).

Hier entsteht ein neues Stadtviertel, die aufstrebende sogenannte 16 **Waterfront** mit zahlreichen unter „Marina City“ zusammengefassten Immobilienprojekten. Fast fertiggestellt war zu Redaktionsschluss im April 2021 der Marina Tower (Wehlistraße 291) mit 41 Stockwerken, ein Sehnsuchtsort am Wasser, der Wohnen und Erholung miteinander in Einklang bringen soll, wie es auf der Website heißt. Das sogenannte Marina Deck – eine große, breite Brücke zum Handelskai – wird die Verbindung zum Donauufer herstellen. Ein zweiter Büroturm, geplant von Dominique Perrault, entsteht auf der anderen Seite der U-Bahn-Trasse, gegenüber dem Eingang des Catamarans, wie die Zentrale des 2010 hierher übersiedelten österreichischen Gewerkschaftsbundes genannt wird. Entlang der Wehlistraße werden bis 2023 weitere fünf Wohntürme folgen, die dann gemeinsam mit dem Maimonides-Zentrum, der daran anschließenden Zwi-Perez-Chajes-Schule und dem Hakoah Sportzentrum dem Viertel sein unverkennbares Profil verleihen werden.

← Maritimes Wien. Rechts im Hintergrund die Donau City

Wir setzen unsere Fahrt am Treppelweg fort und erreichen die **River Lodge Ister** (Dammhaufengasse 41, www.restaurant-ister.at, Mo–So 11–22 Uhr), besser bekannt als Fisch- und Ausflugsrestaurant unter dem Namen Berger. Geboten wird mediterrane und osteuropäische Küche im Wintergarten oder auf der Terrasse direkt an der Donau, jedenfalls aber mit Panoramablick.

Kurz nach dem Lokal tauchen zwei Schilder mit der Aufschrift „Donaukanal Freudenau“ und „Prater“ auf. Sie geleiten Radfahrer*innen und Fußgänger*innen zu einer Brücke über den Handelskai und von dort weiter in den Prater.

Doch bevor wir dorthin zurückkehren, um den Rückweg Richtung Innenstadt anzutreten, statten wir unbedingt noch dem 17 **Schiffmuseum Vienna** (Hafenzufahrtsstraße 17, www.schiffmuseum.at) einen Besuch ab.

Es gibt wohl kaum einen Ort in Wien, wo die maritime Vergangenheit der k. u. k. Monarchie so lebendig ist wie hier. Gleich mehrere Nostalgieschiffe schaukeln sanft auf den Donauwogen. Glanzstück der Sammlung, die Kapitän Franz Scheriau hier zusammengetragen hat, ist der Dampfer „Fréderic Mistral“, der von 1914 bis 1918 in Diensten der kaiserlich und königlichen Kriegsmarine auf der Donau und im Schwarzen Meer unterwegs war. Er wurde auch als Minensuchboot eingesetzt und von Kaiser Franz Joseph I. für Inspektionsreisen genutzt. Manche der schön restaurierten Exemplare werden auch für Ausflugsfahrten nach Nussdorf, Greifenstein, Tulln oder Orth an der Donau mobil gemacht.

In der warmen Jahreszeit setzt Franz Scheriau bei Bedarf auch seine **Donaufähre** in Betrieb, um Radfahrer*innen und Fußgänger*innen zur Donauinsel zu bringen (Mai bis Sept. an Wochenenden und Feiertagen bei Schönwetter, www.donaufaehre-wien.at).

Das **Ristorante Va Bene** alias „Lindmayer" alias „Donauperle" ... das Lokal, an dem wir jetzt vorbeiradeln, ist alles andere als ein ganz normaler Italiener. Die Erfolgsstory begann 1896, als Anton Lindmayer hier eine Weinschänke eröffnete und ein paar Jahre später, 1902, die Konzession für ein Wirtshaus erwarb, die „Donauperle". Sogar Bürgermeister Karl Lueger, der Erfinder des Rechtspopulismus, soll hier gerne eingekehrt sein. Und auch drei Generationen später gingen Promis beim Lindmayer ein und aus. Das Gästebuch liest sich wie das Who's who der Film-und Theaterwelt der 1960er- und 70er-Jahre.

Bis 2007 blieb das beliebte Fischrestaurant im Familienbesitz. Dann zog sich Elisabeth Lindmayer jun. aus dem Gastgewerbe zurück und widmete fortan ihre Energie und Kraft der Errichtung einer 18 **Friedenspagode** (Hafenzufahrtsstraße F, www.peacepagoda.net). Der ersten auf

Nostalgiedampfer aus der K.-u.-k.-Zeit

Die Friedenspagode mit Buddhastatue

europäischem Boden und unser nächstes Ziel. Der Grundstein für den Stupa wurde am Jahrestag des Abwurfs der Atombombe auf Nagasaki gelegt. Die Stadt Wien stellte das Grundstück zur Verfügung, die Arbeiten übernahmen buddhistische Mönche und freiwillige Helfer.

Das 26 Meter hohe Denkmal entstand innerhalb nur eines Jahres. Es ist mit Reliefbildern verziert, den Abschluss bilden eine goldfarbene Spitze und eine große Buddhastatue. Der Stupa ist frei zugänglich und wird von Buddhisten rituell im Uhrzeigersinn umkreist. Seit 1983 ist der Buddhismus eine staatlich anerkannte Religionsgesellschaft in Österreich. Jedes Jahr wird Ende Mai an der Pagode ein buddhistisches Fest gefeiert.

Etappe 9: Durch den Prater zur U-Bahn-Station Praterstern

Wir machen bei der Pagode kehrt und fahren zurück. Nach dem Schiffmuseum nehmen wir die durch das Schild „Prater Hauptallee" gekennzeichnete Abzweigung, wir überqueren die Grünhaufenbrücke und lassen uns die Kurve bergab gleiten. Kurz vor den Gleisanlagen biegen wir rechts ab und folgen der Beschriftung „Prater". So gelangen wir zur Schwarzenstockallee oder auf den Stadtwanderweg 9, den wir bis zur Kapelle Maria Grün folgen. Weiter geht's links auf der Aspernallee, die uns bis zur 19 **Prater-Hauptallee** bringt. Sie ist die pulsierende Lebensader dieses riesigen Freizeit-, Vergnügungs- und Sportareals. 4,5 Kilometer lang geht es geradeaus und im Nu erreichen wir die U1-Station Praterstern.

Wasserpark
Tora-San-Park
Nordmanngasse
Angelibad
Obere Alte Donau
An der oberen Alten Donau
An der Schanze
Dückegasse
Strandbäder
U6 Neue Donau
Arbeiterstrandbadstraße
Eisenbahnerbad
Kugelfanggasse
Otto-Benedik-Platz
An der oberen Alten Donau
Donizettiweg
Am Bruckhaufen
Donauturmstraße
Arbeiterstrandbadstraße
Strandbad Alte Donau
Bundessportbad
Donauturm
Irissee
Schießstattlacke
U1 Alte Donau
A22
Donaupark
ÖBB-Sportanlage
Austria-Center
UNO-City
Vienna International Centre
Arnstides-de-Sousa-Mendes-Promenade
DONAU
Donauinsel
Neue Donau
Nordbahnlände
Wagramer Straße
Kaiserwasser
U1 Kaisermühlen-Vienna Intern. Centre
Kleiner Säulenhaufen
Laberlweg
Strandbad Gä
U1 Donauinsel
Reichsbrücke
Wasserspielplatz
Am Kaisermühlendamm
Schüttaustraße
Gr. Gäns
Herz-Jesu-Kirche
Engerthstraße
Vorgartenstraße
Handelskai
Rudolf-Bednar-Park
Hl. Franz
Schiffahrtszentrum Wien
U1 Vorgartenstr.
Kl. Gär
Walcherstraße
Lassallestraße
Ennsgasse
Wohlmutstr.
Praterlände
Engerthstraße
Handelskai
Donauinsel
Venediger Au-Park
Venediger Au
W.-Schmätzl-G.
U1 U2
Bahnhof Wien Praterstern
Stuwersraße
Vorgartenstraße
Eldersch-platz
Machstr.
Messe-platz
Ausstellungsstraße
U2 Messe Prater
Congress Center
MESSE Wien
Perspektivstraße
Landungshauslände
Handelskai
Liliputbahn
Volksprater
DONAU
Vivariumstr.
Hauptallee
U2 Krieau
Südportalstraße
WU Wien
Vorgartenstraße
Roman-Kohler-Steg
Dr.-Natterer-Straße
Zirkuswiese
Waldsteingartenstraße
Trabrennstraße
StadtBiotop
Schüttelstraße
Weißgerberlände
Rustenschacherallee
Rotundenplatz
Konstantinteich
U2 Stadion
Ferry-Dusika-Stadion
Stadioncenter
Konstantinhügel
Donaukanal
Trabrennbahn Krieau
Spenadlwiese
Lagerwiese
Liliputbahn
Hauptallee
Hundertwasserhaus
Rotundenallee
Arenawiese
Meiereistraße
Ernst-Happel-Stadion
U2 Don
Jesuitenwiese
Krieau
Rustenschacher Allee
Stadionbad
Rochusg.
Schüttelstraße
Erdberger Lände
Forstwiesen
Rustenschacherallee
Hauptallee
Schüttel
1
2
3
4
5
6
7
8
9
10
11
12

Yoga-Session am Wasser

2 Seemöwen, Schwäne, Sumpfschildkröten

AUSGANGSPUNKT 21., U6-Station Neue Donau

ENDPUNKT 22., U2-Station Seestadt

ROUTENLÄNGE ca. 19,5 Kilometer

DIE ROUTE Etappe 1: 1 Neue Donau, 2 Donauturm. Etappe 2: 3 Donauinsel, 4 UNO-City, 5 Donau City, 6 Leuchtturm, 7 Sunken City, 8 Reichsbrücke. Etappe 3: 9 CopaBeach, 10 Wohnpark Neue Donau, 11 Marschallhof, 12 Arena. Etappe 5: 13 Nationalparkhaus. Etappe 6: 14 Dechantlacke, 15 Panozzalacke, 16 Oberes und Unteres Mühlwasser. Etappe 7: 17 Aspern. Etappe 8: 18 Seestadt Aspern, 19 Seeparkquartier

Die Route führt entlang des Wassers und bietet, sofern das Wetter es zulässt, ausreichend Gelegenheit für Abkühlung und Schwimmvergnügen inmitten der Stadt und auch in freier Natur. Zunächst entlang der sogenannten Neuen Donau mit Blick auf das Hochhaus-Wien der neueren Zeit, dann durch die Lobau, eine der letzten Aulandschaften Mitteleuropas, und schließlich in die Seestadt Aspern, wo Wien sich neuerdings als „Küstenstadt“ präsentiert. Am Weg liegen:

Windsurfer auf der Neuen Donau

idyllische Dschungelabschnitte, Wolkenkratzer, Grillplätze und Partylocations, Woodstock-Feeling inbegriffen.

Etappe 1: Von der U6-Station Neue Donau zur Brigittenauer Brücke

Wir verlassen die U-Bahn-Station beim Ausgang Neue Donau und das Erste, was wir sehen, ist glitzerndes Blau. Vielleicht kreist auch ein Möwenschwarm am Himmel über uns.

Die 1 **Neue Donau** wird auch Entlastungsgerinne genannt, weil sie geschaffen wurde, um Wien vor Überschwemmungen zu schützen. Zwischen ihr und dem Hauptstrom erstreckt sich die in den 1970er-Jahren entstandene Donauinsel – ein riesiges Freizeitareal, 21 Kilometer lang und 250 Meter breit. Hier kommen Skater*innen, Sonnenanbeter*innen, Wasserratten, Nackedeis, Triathlet*innen und Radler*innen so richtig auf ihre Kosten. Nicht zu vergessen die Musikfans, die sich beim alljährlichen Donauinselfest – dem weltweit größten Musikfestival bei freiem Eintritt – hier versammeln und unter freiem Himmel ihren Stars zujubeln.

Zur Orientierung dient ein Plan, auf dem Trinkwasserstellen, WC-Anlagen, Grillplätze etc. verzeichnet sind. Download unter: www.wien.gv.at.

Der Fahrrad- und Fußgängersteg unter der Nordbahnbrücke, über die unentwegt die U-Bahn-Züge brausen, ist nach Georg Danzer benannt, der zusammen mit Wolfgang Ambros und Rainhard Fendrich die österreichische Pop-Rock-Formation Austria 3 gegründet hat und unzählige Male beim Donauinselfest mit Songs im Wiener Dialekt die Menge begeisterte. Dass er 2007, zwei Tage vor seinem geplanten Auftritt, starb, veranlasste Rainhard Fendrich, „statt und für" ihn zu singen. Zweihunderttausend waren damals dabei.

Wir verschieben den Ausflug auf die Insel auf später und folgen am linken Ufer der Neuen Donau dem Radweg Richtung Reichsbrücke/Lobau vorbei an Pfundner's Gastwirtschaft.

Rechter Hand breitet sich auf der Böschung hin zum Wasser eine Wiese mit großem Spielplatz aus. Der Strand ist hier durch kleine vorgelagerte Inseln geschützt und die maximale Wassertiefe beträgt höchstens einen Meter – ideal für Familien mit kleinen Kindern. Aus der Dachlandschaft am Donauufer zeichnet sich wie ein Silberpfeil der **Millennium Tower** (Handelskai 94–96) von Gustav Peichl, Boris Podrecca und Rudolf Weber ab. Bei seiner Eröffnung 1999 war er das höchste Gebäude Österreichs, mittlerweile hat ihn der DC Tower 1 überholt.

Auf der linken Seite des Weges kündigt das zierliche Minarett der Moschee das **Islamische Zentrum** an (Am Bruckhaufen 3, www.izwien.at).

Dahinter ragt der 2 **Donauturm** (Donauturmplatz 1, www.donauturm.at) auf. Mit seinem sich drehenden 360-Grad-Panorama-Restaurant in 170 Metern Höhe Highlight für alle Wien-Besucher*innen in den Sixties und Wahrzeichen des großen Parks, der 1964 der Wiener Internationalen Gartenschau „WIG64" Platz bot.

Auf einer der Wiesen, heute Papstwiese genannt, standen am 11. September 1983

Wiese vor dem Islamischen Zentrum

Die „Insel", eingebettet zwischen Donau-Strom und Neuer Donau

rund 300.000 Menschen dicht an dicht, um gemeinsam mit Papst Johannes Paul II. eine Messe zu feiern.

Um die Tour fortzusetzen, folgen wir bei der Abzweigung, die bald kommt, dem Schild **USUS am Wasser** (An der Neuen Donau 1, https://amwasser.wien, Kioskbetrieb: Mo–Mi 14–20 Uhr, Do–So Snacks im Gastgarten, abends Kulturprogramm), fahren durch ein Wäldchen und erreichen ein Lokal mit Terrassen auf mehreren Ebenen und überdachtem Tanzboden, wo Yogasessions am Wasser stattfinden. Die Betreiber verstehen sich als Kreativgenossenschaft und wollen die Anlage, zu der auch die angeblich längste Wasserrutsche der Stadt gehört, „für den kleinen Wien-Urlaub am Wasser" fit machen. Die nächste und letzte Etappe dieses Abschnitts ist die Brigittenauer Brücke, über die wir jetzt fahren. Bevor es über die spiralförmige Rampe nach unten auf die Insel geht, machen wir kurz halt und genießen den Blick auf den Leopoldsberg und den Kahlenberg im Norden, die Skyline der Donau City im Süden.

Etappe 2: Von der Brigittenauer Brücke zum „Ponte Cagrana"

Wir fahren auf der 3 **Donauinsel** weiter und haben nun die Hotspots am linken Ufer gut im Blick. Zunächst die für Partys und Barbecues beliebte Brigittenauer Bucht mit ihrem vorgelagerten Inselchen. Sie ist als „Grillzone" ausgewiesen, das heißt, jeder, der mag, darf hier seinen Holzkohlengrill aufstellen. Außerdem gibt es hier – wie überall im Bereich der

Donauinsel – fixe Feuerstellen, die allerdings vorreserviert werden müssen und nur gegen Gebühr zu benützen sind (www.gewaesser.wien.at).

Unter dem Label „Sunken City" (www.donauinsel.at) verbreiten mehrere Lokale Urlaubsstimmung. In der **Booteria** (www.booteria.at) stehen Tret- und Elektroboote zur Auswahl. **Kandela** nennt sich eine Chillout-Zone mit Liegestühlen, **Rumba & Mambo** ist eine Open-Air-Disco, wo Tanzstunden von 100-Prozent-Latino-Lehrer*innen anboten werden.

Es geht brettleben dahin, die sportlichen Herausforderungen halten sich in Grenzen, wir haben Muße, den Blick über den neuen Stadtteil im 22. Bezirk schweifen zu lassen – die Donau City, geprägt durch Hochhäuser, die teilweise zu den höchsten in Österreich gehören.

In chronologischer Reihenfolge wurde 1973–1979 zunächst die 4 **UNO-City** (Wagramer Straße 5) errichtet.

★ UNBEDINGT HINFAHREN

Insel in der Brigittenauer Bucht → Seite 42
Skyline der Donau City → Seite 44
Rasten am Donaustrand → Seite 41
Nachbarschaftsgarten am Kaisermühlendamm → Seite 52

Hier die Vorgeschichte: Die damals in der Wiener Innenstadt ansässige Internationale Atomenergiebehörde (IAEA) und die Organisation für industrielle Entwicklung (UNIDO) platzten Ende der 1960er-Jahre aus allen Nähten. Österreich, genauer gesagt, Bruno Kreisky,

Die Neue Donau: Bühne für Action und Sport oder ...

Kanzler der SPÖ-Alleinregierung, versprach den Vereinten Nationen (UNO) einen Amtssitz in Wien, der beiden Organisationen als Standort dienen sollte. Ein Wettbewerb wurde ausgeschrieben.

Sieger war der renommierte argentinische Architekt César Pelli. Doch dann folgte ein erstaunlicher Coup: Bruno Kreisky, erst neun Monate im Amt, brachte den Ministerrat dazu, einstimmig für Johann Staber, einen österreichischen Architekten, zu stimmen, der nur Viertgereihter war und wenige Referenzen aufzuweisen hatte.

Sein Entwurf folgt der markanten Grundform eines Ypsilons, was den Vorteil hat, dass sich die verschiedenen Gebäude nicht gegenseitig die Sicht verstellen. Der höchste Turm hat 28 Geschoße und misst 120 Meter.

Da das Gelände auf der sogenannten „Platte" als Bauland bereits umgewidmet war, stand es für weitere Stadtentwicklungsprojekte zur Verfügung. Für 1995 war dort gemeinsam mit Budapest eine Weltausstellung geplant, die nicht realisiert wurde, da die Wiener Bevölkerung sich bei einer Volksabstimmung dagegen entschieden hatte. Nach dem Fall des Eisernen Vorhangs 1989, als immer mehr Menschen in die Stadt drängten, stieg der Bedarf an Wohnraum. Es kam zu einer neuen Gründerzeit. Seit 1996 wird an der 5 **Donau City,** die Wien näher an den Fluss heranrücken soll und symbolhaft für Wiens Weltoffenheit steht, gebaut. Gedacht als multifunktionaler Stadtteil, der internationale Organisationen, Konzerne und prestigeträchtige Wohnprojekte vereint.

Auch wenn sie über ein Areal von 18,5 Hektar verteilt sind, wirken die Neubauten von unserem Standpunkt aus als kompaktes Ensemble.

Zunächst sehen wir – horizontal ausgerichtet und dem Flussverlauf folgend – die 1999 eröffnete Volksschule von Hans Hollein mit dazugehörigen Freiflächen direkt am Wasser. Daneben den Wohnpark DC des Architektenehepaars Delugan-Meissl.

Im rechten Winkel dazu – an der Westgrenze – der Wohnpark DC Loudon, der direkt an den Donaupark grenzt, überragt vom höchsten Wohnhaus Österreichs, dem hundert Meter hohen Mischek Tower, ebenfalls von Delugan-Meissl. In seinem Schatten steht der Saturn Tower, ein weiteres herausragendes Element der Donau City, geplant von Hans Hollein und Heinz Neumann.

Weiter flussabwärts sind der Reihe nach zu sehen: der 26 Stockwerke hohe Ares Tower, ein von Heinz Neumann entworfenes Bürohaus, das aus zwei parallel verschobenen Scheiben besteht. Wie bei anderen Bauwerken der Donau City war eine mythologische Figur namensgebend, in diesem Fall der griechische Kriegsgott.

Dahinter zeichnet sich, fast gleich hoch, eines der UNO-City-Gebäude ab, an der Waterfront schließt das mit fünfzig Metern um einiges niedrigere Strabag-Hautquartier an, hinter dem der Andromeda Tower von Wilhelm Holzbauer auftaucht, leicht erkennbar an dem roten Liftelement und der elliptischen Form. Das nach der griechischen Sagengestalt benannte Bürohochhaus war 1998 eines der ersten des Viertels und zählt mit 113 Metern immer noch zu den höchsten Bauwerken Wiens.

Neben dem Strabag-Gebäude erstreckt sich im Uferbereich der Wissenschafts- und Technologiepark Tech Gate Vienna, gebaut von den Architekten Wilhelm Holzbauer und Sepp Frank und als Plattform zur Vernetzung wissenschaftlicher Einrichtungen gedacht.

Als Wahrzeichen am Eingang zum neuen Stadtteil fun-

... beschauliche Ruhe am Wasser

Die Franz-von-Assisi-Kirche am rechten Donauufer

giert der 2014 fertiggestellte DC Tower 1 des französischen Stararchitekten Dominique Perrault. Mit 250 Metern ein echter Wolkenkratzer, unverwechselbar. Die gestalterische Grundidee basiert auf einem Kristall, der, in der Mitte gespalten und auseinandergeschoben, aus zwei Türmen gebildet wird, wobei der DC Tower 2 erst in den nächsten Jahren fertiggestellt sein wird (www.viennadc.at).

Aus unserer Perspektive nicht zu sehen ist die von Architekt Heinz Tesar geplante, im Jahr 2000 fertiggestellte katholische Kirche – ein Quader aus großformatigen, schwarz glänzenden Chromstahlplatten, die theatralische Lichteffekte erzeugen.

Zu einem weithin sichtbaren Element hingegen ist in der Skyline von Wien das Hochhaus Neue Donau – auch Seidler-Turm genannt – mit seiner lässig geschwungenen Form geworden. Das weiße Hochhaus misst inklusive des Gebäudeabschlusses nicht einmal halb so viele Meter wie der DC Tower 1 und bildet mit ihm ein ungleiches, mittlerweile vertrautes Paar.

Anfang der 1990er-Jahre holte der damalige Bürgermeister Helmut Zilk den als Sohn eines jüdischen Textilfabrikanten in Wien geborenen Architekten Harry Seidler nach Wien, um ihm die österreichische Staatsbürgerschaft, die ihm unter den Nazis aberkannt worden war, wieder zurückzugeben. Hannes Swoboda, in den 1990er-Jahren Planungsstadtrat, erteilte ihm daraufhin den Auftrag für das Hochhaus und den Wohnpark „Neue Donau“ (s. S. 50).

Nach einer kurzen Rast und einem kleinen Fotoshooting setzen wir unsere Fahrt auf der Donauinsel fort. Wir rollen auf die Reichsbrücke zu und sehen rechter Hand auf einer als Park gestalteten Anhöhe eine Gruppe von **Metallskulpturen** mit skurrilen Körperhaltungen. Das eigenwillige Figurenensemble nennt sich **„Die Passanten"**, wurde 1987 hier aufgestellt und stammt von Herbert Traub.

Hinter dem dichten Blätterdach rückt rechter Hand kurz danach ein markanter Sakralbau ins Bild: Die **Franz-von-Assisi-Kirche** am Mexikoplatz. Der 1898 begonnene Bau sollte an das fünfzigjährige Regierungsjubiläum von Kaiser Franz Joseph I. erinnern, doch das eigentlich Sehenswerte daran ist die kleine Jugendstilkapelle zu Ehren Kaiserin Elisabeths, die im selben Jahr einem Attentat zum Opfer fiel.

Direkt am Donauufer, auf der stadtnahen Seite, sieht man da und dort die typischen Fischerhütten, die der Daubelfischerei dienen – charakteristisch dafür sind die viereckigen Netze, die in den Fluss abgesenkt werden. Laut dem Verband der Österreichischen Arbeiter-Fischerei-Vereine bevölkern nicht nur Karpfen und Hechte diesen Donauabschnitt, sondern auch Barben, Lauben, Nasen, Rotaugen und Rotfedern.

Porto Pollo (Donauinsel 19, facebook.com/portopollo.vienna, April bis Sept.: tägl. ab 13 Uhr; Okt. bis Dez.: Sa, So ab 13 Uhr, nur bei Schönwetter), benannt nach einer weitläufigen Bucht auf Sardinien, ist eine kleine Snackbar am Wasser, von der aus man einen schönen Blick auf Donau und Altstadt hat.

Das nächste Bauwerk, das unweigerlich die Aufmerksamkeit auf sich zieht, ist der 6 **Leuchtturm** in der Sunken City, der als solcher nie in Betrieb war, sondern einst als Bühnenkulisse bei den Bregenzer Festspielen diente. Seit 1997 wird er u. a. als Werbefläche, Sendeanlage für Netzbetreiber und Träger einer Wetter- und Stadtkamera genützt, aber seine Hauptaufgabe besteht wohl darin, an das Meer zu erinnern und unweigerlich

Strandbar Porto Pollo

„Ponte Cagrana“ verbindet die Insel mit der Donau City

ein Urlaubsfeeling aufkommen zu lassen.

Als Teil der bereits erwähnten 7 **Sunken City** breiten inselseitig einige Lokale ihre Terrassen an der Neuen Donau aus und bieten einen tollen Blick auf die Skyline der Donau City. Zur Auswahl stehen u. a.: Fisherman's Bar & Lounge, Sokrates (griechisch), Enjoy (asiatisch), It's Amore (italienisch), Sansibar Beach Club und Café del sol.

Wir steigen ab und schieben unser Rad über die Pontonbrücke **„Ponte Cagrana“.** Wieder eröffnet sich eine neue, interessante Perspektive auf die Skyscraper der Donau City.

In der kalten Jahreszeit wird der Steg hochgeklappt, man benützt dann die Reichsbrücke. Zu erreichen, indem man nach dem Leuchtturm rechts unter den Stützpfeilern der Rampe durchfährt und der Beschilderung Richtung „Zentrum“ folgt. Der Geh- und Radweg verläuft unterhalb der Fahrbahn.

Um kein anderes Bauwerk an der Donau ranken sich so viele Mythen wie um die 8 **Reichsbrücke.** Das Exemplar, das wir vor uns sehen, ist bereits die dritte Ausgabe dieser wichtigen Verbindung zwischen zweitem und 22. Bezirk. Die erste wurde 1876 als Kronprinz-Rudolf-Brücke eröffnet und nach Errichtung der Ersten Republik in Reichsbrücke umbenannt. Im Laufe der Jahrzehnte, als der Verkehr immer mehr zunahm, erwies sie sich als zu schmal und musste 1937 einer neuen Version weichen. Mitten im Ständestaat erbaut, wurde die Kettenbrücke mit ihrer auffallenden Silhouette zum Symbol des „schwarzen Wien“ und zum Wahrzeichen der Stadt. Warum sie am Ende des Zweiten Weltkriegs, als der Kampf um Wien tobte und sie Schaden erlitt, von den deutschen Truppen bei ihrem Rückzug nicht gesprengt wurde, bleibt ein Rätsel für die Historiker*innen. Zehn Jahre lang, von 1946 bis 1956, hieß sie „Brücke der Roten Armee", dann wieder Reichsbrücke. In den Jahren des Wirtschaftswunders, als immer mehr Familien sich einen eigenen Pkw leisten konnten, war sie ein zunehmend stärker frequentierter Teil des Aufschwungs. Dann, eines Sonntagmorgens im August 1976, stürzte sie ein. Es war früh am Morgen – 4.30 oder 4.40 Uhr –, sodass sich nur zwei Fahrzeuge auf der Brücke befanden: ein Pkw und ein Bus. Der Lenker des Autos starb, der Busfahrer konnte unverletzt geborgen werden. Dass der Bus damals die Reichsbrücke querte, war reiner Zufall: Der Fahrer kam zu spät zum Dienst und nahm von der Betriebsgarage kommend eine Abkürzung. Wie es zu dem Unglück hatte kommen können, klärte später eine Expertenkommission, die feststellte, dass der linke Pfeiler bei der Sanierung nach dem Krieg mit minderwertigem Material gefüllt worden war, sodass Wasser eindringen konnte. Die emotionale Aufgeladenheit, die die Brücke bei der Wiener Bevölkerung ohnehin schon bewirkt hatte, steigerte sich noch.

Im November 1980 wurde die Reichsbrücke Nummer drei eröffnet. Sie brachte eine verkehrspolitische Verbesserung für die Stadt, da die U-Bahn-Linie 1 bereits 1982 – also früher als geplant – in den 22. Bezirk verlängert wurde. An der U1-Station Donauinsel treffen

Die Reichsbrücke mit Seidler-Turm

CopaBeach: Strandurlaub in Transdanubien

sich heute Skater und vollführen unter den Brückenpfeilern ihre Kunststücke.

Etappe 3: Vom CopaBeach zur Kaisermühlenbrücke

Wir begeben uns unbeschadet ans andere Ufer und werden sofort vom bunten Treiben am 9 **CopaBeach** erfasst. Die neue Location löst seit 2015 die ehemalige Partymeile Copa Cagrana ab und bietet noch mehr Sport, Fun und Abkühlung. Direkt unter dem DC Tower 1 erfreut ein Skatepark Anfänger wie Szeneprofis. Ein Stück weiter flussaufwärts liegt die größte schwimmende Trampolinanlage der Welt (Danube Jumping), gefolgt von einem Kletterpark direkt unter dem Ares Tower.

Grün- und Freiflächen ohne Konsumationspflicht lösen sich mit fix gebauten Lokalen und Foodtrucks ab. Sie heißen: D'arepa Beach Bar & Latin Food, Mar y Sol, Rembetiko, Streetfoodfor4, Himmelpforte, Charlies Beach Bar.

Beim **Copa Beach Fahrradverleih** (Copa Cagrana 1, tägl. 9–18 Uhr, www.fahrradverleih.at) können Fahrräder ausgeborgt und repariert werden.

Wir füllen unsere Trinkflaschen auf und steigen wieder aufs Rad. Weiter geht es stromabwärts auf dem EuroVelo 6 Richtung Praterbrücke und Lobau.

Die Wohnbauten links des Weges, mit ihren wellenförmigen, halb verglasten Balkonen, gehören zu den begehrtesten Adressen der Stadt, weil alle Wohnungen über einen Blick aufs Wasser verfügen. Entworfen von Harry Seidler (s. S. 46), ist der 1999 eröffnete 10 **Wohnpark Neue Donau** eine gelungene Synthese aus Stadt und Grünraum. Zwischen den Wohnblöcken sichtbar ist der 11 **Marschallhof** (Am Kaisermühlendamm 1–5 und Jungmaisstraße 1–5), gut erkennbar am Wiener Stadtwappen – weißes Kreuz auf rotem Grund – auf dem Dach. In diesem Gemeindebau aus den 1950er-Jahren besuchte Queen Elizabeth II. bei ihrem Wien-Besuch eine Wohnung, um sich von Bürgermeister Bruno Marek die Errungenschaften der modernen Sozialdemokratie – den sozialen Wohnbau – demonstrieren zu lassen. Am 7. Mai 1969 traf sie im elften Stock, Tür 67 auf Stiege 1, ein und trank mit der Mieterin eine Tasse Tee. Davor war im Marschallhof der Lift überholt, ein Spiegel angebracht und im elften Stockwerk der Fußboden neu verlegt worden.

Im Anschluss an den Wohnpark Neue Donau schufen die Architekten Manfred Nehrer und Reinhard Medek 1999 eine Volks- und Sportmittelschule, in unmittelbarer Nähe können Kinder und Jugendliche seit Herbst 2020 im ersten Radmotorikpark Wiens an 17 verschiedenen Stationen ihre motorischen Fähigkeiten mit dem Rad trainieren und sich so richtig austoben. Im Anschluss daran folgt eine Allee, die wir entlangradeln.

Linker Hand erstreckt sich Kaisermühlen, benannt nach den zahlreichen Schiffsmühlen, die hier vor Anker lagen – Floße mit Wasserrad und Mühlwerk, die von der Strömung des Flusses angetrieben wurden. Bis 1870 floss die Donau in mehreren Armen durch Wien, der Hauptarm, die heutige Alte Donau, wurde bei der Regulierung vom Flussbett getrennt und bildet mit dem 1907 eröffneten „Gänsehäufel" heute das Zentrum der Wiener Badekultur.

Kultstatus erlangte der Stadtteil aber vor allem durch die von 1992 bis 1999 produzierte ORF-Serie „Kaisermühlenblues", Hauptschauplatz ist ein Gemeindebau, auf dessen „10er-Stiagn" die meisten der Hauptfiguren wohnen. Gedreht wurden diese Szenen im 1926 erbauten Schüttauhof sowie an jener der Neuen Donau zugewandten Straßenseite, die wir gerade entlangfahren.

Bei der Kaisermühlenbrücke sehen wir das schön geschwungene Halbrund einer aus begrünten Stufen geformten 12 **Arena.** In der Vergangenheit fanden hier gelegentlich Freiluft-Filmvorführungen und Wassershows statt, Bürgermeister Michael Ludwig plant, hier die „Do-

★ UNBEDINGT HINFAHREN

Josefsteg → Seite 57
Mühlwasser → Seite 58
Heilkräuter am Dach der Apotheke zum Löwen von Aspern → Seite 61

Sundowner im Vienna City Beach Club

naubühne“ zu errichten. Die Event-Location hätte 2020 in Probebetrieb gehen sollen, doch wegen Corona kam es nicht dazu.

Etappe 4: Von der Kaisermühlenbrücke zur Donaustadtbrücke

In der Mitte des Kaisermühlendammes, den wir dem Radweg folgend entlangfahren, taucht rechter Hand ein eingezäuntes, mit Gemüse, Blumen und Kräutern dicht bepflanztes Stück Land auf. Der hier 2011 errichtete **Nachbarschaftsgarten** (www.nachbarschaftsgarten.at) versorgt nicht nur seine Vereinsmitglieder mit frischen Tomaten, Paprika und Zucchini, er sorgt auch dafür, dass die alteingesessenen Bewohner*innen von Kaisermühlen sich mit den Newcomern aus den Donau-City-Bauten vernetzen und anfreunden. Der Abschnitt, der als Nächstes folgt, ist ganz dem Wassersport gewidmet.

Direkt am Ufer liegt das Badefloß und die Hafenbar samt Terrasse des **Vienna City Beach Club** (Am Kaisermühlendamm 106, www.vcbc.at, Mo–Do 14–23, Fr 14–3.30, Sa, So 10–3.30 Uhr), seit 2006 *der* angesagte Club am Wasser mit tagsüber Chillout-Musik und abends DJs. Wer im Stand-up-Paddling noch nicht geübt ist oder das Manövrieren eines Kajaks erlernen möchte, ist hier an der richtigen Adresse.

Kurz vor der Donaustadtbrücke sieht man die Wake-Boarder an einem Seil hängend über das Wasser flitzen. Die neue Trendsportart begeistert vor allem Teenager. **Wakeboardlift Wien** (Am Wehr 1 – Neue Donau, wakeboardlift.at, Mai: Mo–Fr ab 13, Sa, So und Fei ab 11 Uhr; Juni:

Mo–Fr ab 12, Sa, So und Fei ab 11 Uhr; Juli, Aug.: tägl. ab 10 Uhr; Sept.: Mo–Fr ab 14, Sa, So und Fei ab 11 Uhr, jeweils bis Sonnenuntergang. Liftzeiten können sich je nach Wetterlage ändern).

Das in Terrassen angelegte Lokal **wake_up** (Am Wehr 1, wakeup.at/restaurant, Juni bis Aug.: tägl. 10–24 Uhr, Mai und Sept.: Mo–Fr 12–23, Sa, So, Fei 10–23 Uhr; April und Okt.: Do–So 12–21 Uhr) am Wasser ist ideal für den Sundowner, aber auch für ein gutes Essen mit asiatisch angehauchter, moderner Weltküche.

Etappe 5: Von der Donaustadtbrücke zur Steinspornbrücke und in die Lobau

Wir fahren vorbei an der U2-Station Donaustadtbrücke auf dem EuroVelo-Radweg oben am Damm Richtung Orth an der Donau bzw. Lobau und gelangen bald schon zu einer stets sehr belebten Grillzone. Spanferkel und ganze Lammhälften drehen sich da am Spieß über dem Holzkohlenfeuer. Multikulti pur!

Vor der Steinspornbrücke machen wir halt und sehen am gegenüberliegenden Ufer den alten Ruderclub mit Tribüne, der Schauplatz internationaler Meisterschaften war und 2017 in einen attraktiven Logenplatz am Wasser verwandelt wurde. Kajakfahren, Stand-up-Paddeln oder Chillen in der Hängematte stehen hier auf dem Programm.

Im **Himmel und Wasser** (Steinspornbrücke 1, www.himmelundwasser.at, Mai, Juni: Do, Fr 14–22, Sa, So, Fei 11–22 Uhr; Juli, Aug.: Mi–So, Fei 11–22 Uhr; Sept.: Do, Fr 14–22, Sa, So, Fei 11–22 Uhr) werden vegetarische und vegane Gerichte serviert, dazu haus-

Siedlung Rehlacke
Strandbad Gänsehäufel
Gr. Gänsehäufel
Kirche
Urania-Insel
Kl. Gänsehäufel
Straßenbahnerbad
Dampfschiffhaufen
Alte Donau
An der unteren Donau
Lange Allee
Industriestraße
Kleiner Neuhaufen
Donaustadtstraße
Rabenlechnerweg
Erzherzog-Karl-Straße
Stadlauer Straße
A23
Stadlau
U2 Stadlau
Kaisermühlenstr.
Neuhaufenstr.
Konstanziagasse
Hausgrundweg
Hyazinthengasse
Plankenmaisstr.
Hartlebengasse
Langobardenstraße
Stadlauer Friedhof
U2 Hardeggasse
U2 Donauspital
Sozialmedizinisches Wien Ost Donauspital
Mühlgrund
Hardeggasse
Am Mühlhäufel
Tamariskengasse
Oberes Mühlwasser
A22
Am Kaisermühlendamm
An der unteren Alten Donau
Unteres Mühlwasser
Mühlwasserstraße
Effenberg-platz
Wasserschilift
U2 Donaustadtbrücke
Strandbad Stadlau
Kanalstraße
Am Mühlwasser
16
Kleehäufel
Schierlinggrund
Lobau
U2 Donaumarina
Neue Donau
Kl. Schilloch
Naufahrtweg
Gr. Schilloch
Schillwasserweg
Raffineriestraße
Handelskai
Stadlauer Lände
Donauinsel
Heustadelwasser
Praterkai
Schögerhaus Lände
Dampfkraftwerk Donaustadt
Ameisbügel
Hauptallee
Prater
Aspernallee
Dammhaufen
Maria Grün
Hafenzufahrtstraße
DONAU
Pumpwerk
Fasangarten
Belvedereallee
Schwarzenstockallee
Lusthaus
Krebsenwasser
Groß-Enzersdorfer-Allee
Lusthauswasser
Pagode
Rennbahnstraße
Golfplatz
Mauthnerwasser
Gärtnerstraße
Seitenhafenstraße
Freudenau
Rennbahn
Simmeringer Lände
A4
Dampfkraftwerk Simmering
Donaukanal
Winterhafen
0
1000 m

Oberes Hausfeld
Stadtrandsiedlung
Aspernstraße
Franz-Wels-Gasse
Hausfeldstraße
An den alten Schanzen
Lavendelweg
Enzianweg
Johann-Kutschera-Gasse
Bernhardinerallee
19
U2 Sees
Maria-Tusch-Straße
Aspern Seestadt
18
Anna-Müller-Straße
U2 Aspernstraße
Erzherzog-Karl-Straße
Schergengrund
Pilotengasse
Haberlandtgasse
Aspern
Langobardenstraße
St. Martin
Asperner Heldenplatz
Siegesplatz
Groß-Enzersdorfer Straße
Kapellenweg
Trondheimgasse
Asperner Zentralfriedhof
17
Benjowskigasse
Heustadelgasse
Biberhaufenweg
Seidelbastgasse
Müllnermaisgasse
In der Au
Lumbyepark
Saltenstraße
Flugfeldstraße
Plattensteinergasse
Stadtrandsiedlung
Brockhausengasse
Schütthäufel
Mühlwasser
Heustadlmais
Grohmannstraße
16
Mühlau
Gr. Biberhaufen
Ulanenweg
Körberstraße
Zainethäufel
Fuchshäufel
Fuchshäufelweg
Untere Mühlau
Naufahrtweg
Alte Naufahrt
Kommassierungstor
Herrenauhäufel
Fischwasser
Markethäufel
Landjägermeisteramt
Unter den Kastanien
Häuselschlag
Natterfleck
Napoleonschanze
Oberleitner Wasser
14
Dechantlacke
Hoher Spitz
Lange Grundwiese
Napoleonstein
Frachtenbahnhof Lobau-Hafen
Dechanthäufel
Schrödertor
Alte Naufahrt
Josefsteg
Fasangarten
Fidelbogen
Biberhaufen
Plättenmai
Ochsenhalt
Maierspitz
Herzoghaufen
Zigeunermaiß
Dorfrunzen
Naturschutzgebiet Toter Grund
Neue Donau
Fasangartenarm
Forstmeisterwiese
Raffineriestraße
Wiedennest
Dorfrunze
15
Panozzalacke
Forstmeistermaiß
Kompostieranlage
Napoleons Hauptquartier 1809
Don

Die Lobau: Naturschutzgebiet im 22. Bezirk

gemachte Limonaden und zum Abschluss Bio Eis.

Um die Tour fortzusetzen, folgen wir links dem Schild „Nationalparkhaus Wien-Lobau“, überqueren die Raffineriestraße und biegen links in den Biberhaufenweg ein, benannt nach einer ehemaligen Donauinsel, auf der die emsigen Nager in beachtlich großer Zahl anzutreffen waren.

So wie die Biber gehört (seit 1862!) auch das Traditionslokal **Roter Hiasl** (Biberhaufenweg 228, www.roter hiasl.at, Mo–So 10–24 Uhr) mit seiner urwienerischen Beisl-Atmosphäre zur Lobau ganz einfach dazu. Der neue Besitzer braut seit 2012 sein eigenes Bier, das sich durch besondere Milde auszeichnet. Aus der Küche kommen Geselchtes, Spanferkel, Würstel und andere deftige Speisen.

Wir biegen vom Biberhaufenweg rechts in den Dechant weg ab und stoppen vor dem 13 **Nationalparkhaus** (Dechantweg 8, www.donauauen.at, Anfang März bis Ende Okt.: Mi–So 10–18 Uhr), das sich als multifunktionales Informations- und Umweltzentrum versteht und Zahlen, Daten und Fakten zum **Nationalpark Donau-Auen** vermittelt. Die Lobau macht fast ein Viertel seiner Gesamtfläche aus. Biber, Seeadler, Graureiher, Flussregenpfeifer und Kleines Nachtpfauenauge bevölkern diese geheimnisvolle Welt. Auch der Eisvogel, der „fliegende Edelstein“, hat hier sein Zuhause und ist das Wahrzeichen des Nationalparks.

In der Ausstellung „tonAU“ und im AU-Kino wird die Lobau abwechslungsreich und spannend präsentiert.

Im Shop können Lupen und Bestimmungsbücher erstanden werden, wertvolle Instrumente zur Erforschung von Fauna und Flora.

Obwohl ein Teil des Nationalparks zu Wien gehört, wird spätestens beim Verlassen des Nationalparkhauses klar, dass die Stadt jetzt hinter uns liegt. Überall an den Teichen und Altarmen der Donau warten idyllische Plätzchen, das Baden ist mit Rücksicht auf die Tierwelt nur an wenigen von ihnen erlaubt. Auch das Radfahren ist nur auf den grün beschilderten Radwegen gestattet.

Etappe 6: Vom Nationalparkhaus Lobau bis zum Parkplatz Saltenstraße

Unter dem dichten Blätterdach der Laubbäume radeln wir weiter auf dem Dechantweg vorbei am Reit- und Fahrverein Donau-Auen (www.rfv-donau-auen.at) und erreichen bald schon die 14 **Dechantlacke,** das heimliche Paradies der FKK-Fans und eines der wenigen Gewässer, die zum Baden freigegeben sind.

Rund um diese aufgelassene Schottergrube kann man an den Baumstämmen die Nagespuren der Biber erkennen, in den stillen Bereichen sind in der warmen Jahreszeit Schildkröten zu sehen. Wir folgen der grünen Beschilderung Richtung Josefsteg, der einen stark mit Schilf bewachsenen Altarm überspannt.

Von hier könnte ein Abstecher zur 15 **Panozzalacke** führen, die dank des seichten Wassers perfekt für Familien geeignet ist.

Ganz in der Nähe bietet sich die Jausenstation **Zum Knusperhaus** (Luitpolt-Stern-

FKK-Paradies Dechantlacke

Gasse 54, Do–So 10–22 Uhr) für Kaffee und Kuchen oder Liptauer mit Salzstangerl an.

Nach einer kleinen Rast kehren wir zurück zum Josefsteg und folgen der Beschilderung Richtung Saltenstraße. Die Route führt vorbei an Wiesen und dann durch eine Kastanienallee bis zum Grundwasserwerk, das in den 1960er-Jahren zur Versorgung der Stadt mit Trinkwasser errichtet wurde. Von dort geht es entlang von Feldern weiter zum Nationalparkeingang Saltenstraße 436.

Beim Parkplatz halten wir uns links und fahren auf einem schmalen Weg entlang eines Seitenarms des Oberen Mühlwassers.

Ganz in der Nähe erstreckt sich der Naturistenpark Lobau (www.naturistenpark-lobau-wien.at), ein großes, von außen nicht einsehbares und ausschließlich Mitgliedern vorbehaltenes Gelände mit Badebucht am Mühlwasser.

Bald schon erreichen wir das **Mühlwasserplatzl** (Lobaugasse 101, Di–So 7–22 Uhr), ein Dschungel-Rastplatz am Wasser mit einer umtriebigen Wirtin, die den ganzen Tag lang Frühstück bzw. kleine warme und kalte Speisen serviert.

Wir radeln weiter auf der Mühlwasserpromenade und folgen der Beschilderung „Biberhaufenweg“. Das 16 **Obere und Untere Mühlwasser** ist ein seit dem 19. Jahrhundert nahezu unverändert gebliebener Altarm der Donau, wo Seerosen wachsen und sich zahlreiche Fischarten wie Karpfen, Hecht, Wels, Zander, Aal und Barsch tummeln.

Rechter Hand breiten sich riesige Felder aus, alles wirkt wie tiefstes Niederösterreich, und doch befinden wir uns immer noch in Wien!

Nächster Halt ist das Gelsenstüberl (Mühlwasserpromenade 12, Mo, Di, Do, Fr 7–22, Sa 9–18, So 9–16 Uhr), Stützpunkt der Anrainer*innen, die hier gerne Karten spielen oder Livemusik hören. Kurz danach biegen wir rechts in den Biberhaufenweg ein.

Etappe 7: Vom Biberhaufenweg nach Aspern

Die Fahrt entlang des schnurgeraden Biberhaufenweges bringt uns zurück in urbanes Gebiet. Anfang der 1980er-Jahre war das hier Peripherie und das österreichische Siedlungswerk, eine gemeinnützige Aktiengesellschaft, beauftragte renommierte Architekten, dem Ganzen eine neue, gebaute Identität zu geben. So entstand von 1982 bis 1985 die **Wohnhausanlage Biberhaufenweg**, ein von Otto Häuselmayer, Heinz Tesar, Carl Pruscha und Wafler Architekten realisiertes Pilotprojekt. Grundsätzliche Fragen der Architektur wurden hier exemplarisch abgehandelt und ein kleiner Rundgang drängt sich geradezu auf.

Nächstes Ziel für Architekturinteressierte ist das große gläserne Geviert der **AHS Heustadlgasse**, 2003 realisiert von Henke Schreieck Architekten. Zwischen Einfamilien- und Reihenhäusern, Gewächshäusern und Feldern ist hier ein Musterbeispiel eines Schulbaus der frühen 2000er-Jahre entstanden. Auch das eine lohnende Entdeckung! (www.heustadelgasse.at)

Kurz darauf erreichen wir 17 **Aspern.** Das ehemalige Dorf wurde 1905 eingemeindet und ist berühmt, weil hier Napoleon von Erzherzog Karl und der österreichischen Armee erstmals besiegt wurde. Dort, wo die Schlacht am 21. und 22. Mai 1809 tobte, wurde die **Kirche St. Martin** (Asperner Heldenplatz 9, https://aspern.at) errichtet und davor, etwas später, zur Erinnerung an die Gefallenen, die monumentale **Skulptur** des **Löwen von Aspern.**

Um unsere Tour fortzusetzen, fahren wir vom Asperner Heldenplatz rechts auf den Siegesplatz, der in Wirklichkeit

Rastplatz am Wasser

eine stark befahrene Straße ist. Wir biegen in die erste Gasse links, die Ehrensteingasse, ein, die über keinen markierten Radweg verfügt, uns aber in den alten Teil von Aspern führt. Rechts biegen wir in die Wimpffengasse ein, die parallel zum Siegesplatz verläuft und noch dörflichen Charakter aufweist. Bald schon erreichen wir die Groß-Enzersdorfer Straße.

Bevor wir hier weiterfahren, statten wir der **Apotheke zum Löwen von Aspern** (Groß-Enzersdorfer Straße 4A, www.apo-aspern.at, Mo–Fr 8–18, Sa 8–12 Uhr) rechts einen Besuch ab. Das von ARTEC Architekten umgesetzte Konzept ist es durchaus wert, einen Blick auf das Gebäude zu riskieren. Besucher*innen können sich hier im wahrsten Sinne des Wortes Durchblick verschaffen, nicht nur, weil sämtliche pharmazeutische Funktionsbereiche offen liegen und frei einsehbar sind, sondern auch wegen des 200 Quadratmeter großen Dachgartens, der, aufgegliedert in 13 Beete, die Welt der Arzneipflanzen im Laufe der Geschichte darstellt. Nach dem Vorbild mittelalterlicher Klostergärten sind Heilkräuter nach Anwendungsbereichen und nach Krankheiten, zu deren Heilung sie eingesetzt wurden und werden, geordnet.

← Holzwohnbau mit attraktivem Innenhof

Im Anschluss an diese kleine Exkursion in die Welt der Botanik fahren wir die Groß-Enzersdorfer Straße wieder zurück bis zur links abzweigenden Haberlandtgasse, wo wir erneut auf den beschilderten Radweg treffen. Dem Schild „Aspern/Seestadt" folgend, fahren wir durch die Strunzgasse, die in die Johann-Kutschera-Gasse mündet, und schon haben wir die Seestadt erreicht! Rechts zweigt die Bernhardineralle ab, über die wir die Janis-Joplin-Promenade erreichen, die uns direkt ins Zentrum dieses neuen Stadtteils bringt.

Etappe 8: Durch die Seestadt Aspern zur U2-Station

Dass die erste Straße in der 18 **Seestadt Aspern** (www.aspern-seestadt.at), durch die wir fahren, nach einer zentralen weiblichen Ikone des Rock und Blues benannt ist, folgt einem Konzept, wie sich bald herausstellen wird. Denn mit wenigen Ausnahmen sind alle Straßen, Plätze und Parks zwischen den neu errichteten Wohnbauten ausschließlich nach Frauen benannt. Derzeit stehen im Wiener Straßennetz 4002 männliche Namen 492 weiblichen Namen gegenüber – ein Ungleichgewicht, das geändert gehört. Dass seit 2019 bereits 54 Mal starken Frauen und ihren herausragenden Leistungen in der Seestadt ein Denkmal gesetzt wurde, stellt wenigstens ein bisschen die Balance her.

Wenn jemand durch die Lydia-Sicher-Straße radelt und nicht weiß, dass die Namensgeberin eine renommierte Fachärztin für Psychiatrie war, genügt ein Blick in die Broschüre „Die Seestadt ist weiblich“ – darin ist jeder einzelnen großen Frau ein Porträt gewidmet. Von Hannah Arendt bis Zaha Hadid.

Die **Seeseiten Buchhandlung** (Janis-Joplin-Promenade 6/5/EG/Top 1, www.seeseiten.buchkatalog.at, Mo–Fr 10–19, Sa 10–14 Uhr), eines der ersten Geschäfte, auf das wir treffen, war auch eines der ersten Unternehmen in der Seestadt. Sie gehört zu den besten und einladendsten Buchhandlungen Wiens. Für Leseerlebnisse „auf den ersten Blick“ sorgen kurze Sprüche, Zitate und XXS-Stories zwischen den Regalen, gespendet von Daniel Glattauer, Bernie Rieder, Willy Puchner u. a. Sie finden sich nur hier und sind allein schon einen Besuch wert.

Wir setzen unsere Fahrt entlang des Seeparks fort, sehen das Wasser türkisblau schimmern und davor den Kieselstrand mit seinen bunten Sonnenschirmen. Noch stehen die Baukräne am Ufer, doch wie die Zukunft hier aussehen könnte, lässt sich bereits erahnen.

Der fünf Hektar große künstliche Badeteich ist nicht nur namensgebend für den neuen Stadtteil, er bildet auch sein Zentrum, um das herum gebaut wurde und wird.

Das Konzept ist in jeder Hinsicht ambitioniert. Es handelt sich um Wiens größtes Stadtentwicklungsgebiet. Vor mehr als hundert Jahren ging das Flugfeld Aspern hier in

Der Badeteich – Herzstück des neuen Stadtteils

Betrieb – damals die größte derartige Anlage Österreich-Ungarns.

Als 1954 der neue Flughafen Schwechat eröffnet wurde, fanden in Aspern nur mehr Autorennen statt.

Seit 2010 wird nun gebaut. Im September 2014 bekamen die ersten Bewohner*innen ihre Wohnungsschlüssel überreicht. Aktuell beläuft sich die Zahl der Seestädter*innen auf 8316. Die meisten kommen aus „Transdanubien", viele sind auch ganz neu in Wien.

Bis 2028 alles fertig sein wird, sollen 20.000 Menschen in der Seestadt leben. Und noch einmal so viele hier arbeiten: 15.000 in Büros und 5000 in Gewerbe, Wissenschaft, Forschung und Bildung.

Durch genügend Grünflächen, belebte Erdgeschoßzonen und soziale Durchmischung will man verhindern, dass eine reine Schlafstadt entsteht. Wichtig wird dabei sein, die Straßen zu beleben, was vor allem dann funktioniert, wenn die Autos in der Garage bleiben. Für Mobilität sorgen deshalb kostenfreie Leihräder und E Bikes. Gemeindewohnungen, geförderter Wohnbau und Wohnungen für finanziell schwächer Gestellte bilden derzeit den Angebot-Mix. Bald sollen auch Luxusappartements hinzukommen.

Am südlichen Ufer des Sees erreichen wir das 19 **Seeparkquartier.** Hier haben im multifunktionalen Gebäudekomplex „sirius" (www.sirius.at) im Herbst 2020 **Habibi & Hawara** (https://habibi.at) eine Niederlassung eröffnet und bieten die altbewährte Kombi aus guter, hochwertiger österreichisch-orientalischer Fusionsküche. Genau das Richtige für eine Stärkung vor der Rückfahrt!

Die Buchhandlung Seeseiten – Leseerlebnisse für zwischendurch

Auch wenn die Tour sich langsam dem Ende zuneigt, sollte noch Zeit sein, um einen Sprung bei **United In Cycling** (Wangari-Maathai-Platz 3, unitedincycling.com, Di–Fr 8–16, Sa 9–17 Uhr) vorbeizuschauen. Bei Kaffee und Kuchen kann man hier über kultige Zwei-Rad-Produkte reden und das eine oder andere Ersatzteil erstehen.

Von der nahe gelegenen U2-Station geht es in weniger als dreißig Minuten zurück ins Zentrum.

Karlsplatz
Lothringer
Resselpark
Karlskirche
Gußhausstraße
Erzh.-Johann-Pl.
Argentinierstraße
U1 Taubstummeng.
Theresianum
Theresianumg.
Favoritenstraße
Graf-Starhemberg-G.
Palais Schönburg
Neulinggasse
Palais Schwarzenberg
Schwarzenberg-garten
Jauresg.
Rennweg
Rechte Bahngasse
Ungargasse
Juchgasse
Rennw.
Fasanplatz
Arenbergpark
Landstraße
Belvedere-garten
Prinz-Eugen-Straße
Oberes Belvedere
Jacquingasse
Obere Bahngasse
Eslarngasse
Landstraßer Hauptstraße
U3 Kardinal-Nagl-Pl.
Dietrichgasse
Erdbergstraße
Baumgasse
A. Dallinger
U3 Schl
Schlachthausgasse
Ziakpark
Zelman-Park
St. Marx
R. Hochner-Park
Landstraßer Gürtel
Wiedner Gürtel
Schweizer Garten
Arsenalstraße
Südtiroler Pl.
Busbahnhof
Südtiroler Platz
Hauptbahnhof Wien
U1 Hauptbahnhf.
Ghegastraße
Heeresgeschichtliches Museum
Favoriten
Arsenal
St.-Marxer-Friedhof
A23
Landgutgasse
Alfred-Adler-Straße
Sonnwendgasse
U1 Keplerpl.
Helmut-Zilk-Park
Lilienthalgasse
Hlawkagasse
Gudrunstraße
Erlachgasse
Pernerstorfergasse
Quellenplatz
Laxenburger Straße
Herndlgasse
Waldgasse
Steudelgasse
Quellenstraße
Geiselbergstraße
Simmeri Aspangb
U1 Reumannpl.
Reumannplatz
Davidgasse
Puchsbaumgasse
Absberggasse
Inzersdorfer Straße
Etten-reichgasse
Kennerg.
Laaer-Berg-Straße
F.-Löwe-Str.
Laaer Wald
ÖBB-Hauptst. Simmerin
Grillga
Troststraße
U1 Troststr.
Ricarda-Huch-Weg
Favoritenstraße
Weldengasse
Urselbrunnengasse
Böhmischer Prater
Erholungsgebiet Laaer Wald
Vogental
Grenzackerstraße
Franz-Horr-Stadion
Anningerweg
U1 Altes Landgut
Heuberggstätten
Heubergstättenstr.
A23
Sommerbad Laaerberg
L.-v.-Höhnel-G.
Endlicherg.
Theodor-Sickel-Gasse
Sportanlage Laaer Berg
Bitterlichstraße
Heimkehrergasse
Sindelargasse
Burgenlandgasse
Per-Albin-Hansson-Siedlung Nord
Siedlung der Privatangestellten
Volkspark
Holzknechtstraße
Siedlung Südost
Blumental
Sdlg. Wienerfeld
U1 Alaudagasse
Alaudagasse
Filmteichstraße
Goldberg
Ellen-Key-G.
Wendstattgasse
0
1000 m
1 2 3 4 5 6 7 8 9 10 11 12 13 14 15 16 17 18

Der Schweizergarten: eigentlich ein Park nach englischem Vorbild

3 Parks, Gärten und versteckte Grünoasen

AUSGANGSPUNKT 1., U1/U2/U4-Station Karlsplatz
ENDPUNKT 10., U1-Station Neulaa
ROUTENLÄNGE ca. 14,6 Kilometer

DIE ROUTE Etappe 1: 1 Karlskirche, 2 ORF Funkhaus Wien, 3 Hauptbahnhof. Etappe 2: 4 Schloss Belvedere, 5 Erste Bank Campus, 6 Schweizergarten, 7 Belvedere 21, 8 Parkappartements am Belvedere, 9 Arsenal. Etappe 3: 10 Sonnwendviertel, 11 Helmut-Zilk-Park, 12 Bikes and Rails, 13 Stadtelefant. Etappe 4: 14 Brotfabrik Wien. Etappe 5: 15 Stadtteil Monte Laa, 16 Laaer Wald, 17 Böhmischer Prater. Etappe 6: 18 Kurpark Oberlaa. Etappe 7: 19 Therme Wien, 20 Zukunftshof, 21 Wiener Schneckenmanufaktur Gugumuck

Die Route schlägt den Bogen vom Herzen zur Außenhaut der Stadt, von ihrem Innersten zum Äußersten, der Peripherie.

Sie führt zu Landmark-Gebäuden aus allen Epochen – Barock, Gründerzeit, 1950er-, 60er-, 70er- und 2000er-Jahre – und sie dokumentiert Lebens- und Arbeitsmodelle, die neu, anders und innovativ sind. Ganz nebenbei im Vor-

Skulptur von Henry Moore vor der Karlskirche

beifahren wird Gartenarchitektur quer durch die Jahrhunderte gezeigt. Die Route quert zunächst den vierten Bezirk, die Wieden, wo Aristokratie und braves Bürgertum residierten, und dann Favoriten, den Arbeiterbezirk, um im Süden Wiens in einem noch stark landwirtschaftlich geprägten Gebiet zu enden.

Es ist ein Crossover in jeder Hinsicht. Architekturformen, Nutzungsmodelle, Lebensstile, die vor ein paar Jahrzehnten noch Utopie waren, zeigen auf, wie die Realität städtischen Lebens sich heute darstellt.

Etappe 1: Vom Karlsplatz zum Hauptbahnhof

Wir verlassen die U-Bahn-Station beim Ausgang „Resselpark" und schieben unser Rad entlang des Gebäudes der 1815 als k.k. Polytechnisches Institut eröffneten TU Wien, vorbei an den Büsten von Honoratioren bis zu einer schimmernden Wasserfläche, in der sich die Umrisse der monumentalen Karlskirche spiegeln.

Mitten im Wasserbecken die **Skulptur „Hill Arches"** von Henry Moore, zwei Körper in rhythmischer Bewegung darstellend.

Auf der dem Platz zugewandten Schmalseite des TU-Gebäudes lässt sich bei genauerem Hinsehen eine **Gedenktafel** erkennen, die uns davon in Kenntnis setzt, dass **Antonio Vivaldi**, am 4. März 1678 in Venedig geboren, am 28. Juli 1741 auf dem sich hier befindlichen Armensünder-Gottesacker beigesetzt wurde. Der Schöpfer der „Vier Jahreszeiten" hatte sich, als sein Stern in Venedig zu sinken begann, Unterstützung vom kaiserlichen Hof in Wien erhofft, war dann aber zehn Monate nach seiner Ankunft verstorben, ohne dass die Musikwelt der verwöhnten Hauptstadt von ihm Notiz genommen hätte. Die 1 **Karlskirche** (www.karlskirche.at, Mo–Sa 9–18, So und Fei 12–19 Uhr), das letzte große Werk des Barockarchitekten Johann Bernhard Fischer von Erlach und bedeutendster Sakralbau nördlich der Alpen, war damals gerade fertiggestellt worden.

Kaiser Karl VI., der Vater Maria Theresias, hatte während der Pestepidemie 1714 gelobt, eine Kirche zu bauen, sollte es gelingen, die Seuche zu besiegen. Vivaldis Werke werden hier regelmäßig aufgeführt. Ein Blick ins Innere lohnt sich auf jeden Fall.

Ein Panoramalift bringt Besucher*innen auf eine Plattform in 32,5 Metern Höhe, wo man die Kuppelfresken von Johann Michael Rottmayr aus nächster Nähe betrachten kann. Von oben eröffnet sich ein beeindruckender Blick in den Innenraum der Kirche.

Eine weitere ungewöhnliche Attraktion bilden die im Rahmen des Programms „Karlskirche Contemporary Arts“ seit 2018 gezeigten Arbeiten zeitgenössischer Künstler.

Nach diesem Zwischenstopp steigen wir aufs Rad und folgen dem Radweg bis zur Argentinierstraße. Sie wird als Einbahn geführt und verläuft im oberen Teil leicht ansteigend. Da der Radstreifen am linken Straßenrand in beiden Richtungen befahrbar ist, muss mit Gegenverkehr – der obendrein durch das Gefälle meist mit ziemlichem Tempo unterwegs ist –, gerechnet werden.

Gleich am ersten Haus auf der rechten Straßenseite steht auf einer **Gedenktafel** zu lesen: „Diese Straße hieß einst Alleegasse, zum Dank an die großzügige Hilfe Argentiniens an das hungernde Wien nach dem Ersten Weltkrieg heißt sie seit 1921 Argentinierstraße.“

Als sie noch Alleegasse hieß, säumten imposante Stadtpalais die elegante Gerade. Eine Ahnung davon gibt auf Nr. 14 die griechische Botschaft mit den monumentalen Halbsäulen an der Fassade und dem kuppelartigen Dach. Das Palais der Familie Wittgenstein auf Nr. 16, wo einst Brahms verkehrte und der Philosoph Ludwig Wittgenstein heranwuchs, überstand zwar den Zweiten Weltkrieg und wurde an die Nachkommen der Besitzer restituiert, dann aber an eine Bank verkauft und schließlich abgerissen.

In der **Gorilla Kitchen** (Gußhausstraße 19, www.gorillakitchen.at, tägl. 11–22 Uhr) ein paar Meter davor,

★ UNBEDINGT HINFAHREN

Alpengarten → Seite 73
Schweizergarten → Seite 74
Schmetterlingswiesen im Helmut-Zilk-Park → Seite 78

auf der anderen Seite, gibt es Burritos, Bowls und Sandwiches. Hier können hungrige Vegetarier*innen und Veganer*innen sich mit Proviant eindecken, der später dann in einem der Parks auf der Strecke verzehrt werden kann.

Auf Nr. 30A folgt das 2 **ORF-Funkhaus Wien,** leicht erkennbar an der von Johann Garber bemalten, ein Ohr darstellenden bunten Skulptur vor dem Eingang.

Der nach Plänen von Heinrich Schmid und Hermann Aichinger zusammen mit Clemens Holzmeister errichtete Bau stammt aus den 1930er-Jahren, wurde 1983 nach Plänen Gustav Peichls erweitert und 2016 an ein Vorarlberger Unternehmen verkauft, was viele Proteste hervorrief. Der „Kulturtrakt" und der sogenannte Peichl-Trakt sind jedoch im Eigentum des ORF verblieben. Das Radiokulturhaus (www.radiokulturhaus.orf.at) – Heimstatt des ORF Radio-Symphonieorchesters Wien – wird weiterhin für kulturelle Aktivitäten genutzt, und die historischen Studios können in Rahmen von Führungen besichtigen werden.

★ Anton Benya (1912–2001)

Der gelernte Elektromechaniker und Sozialdemokrat der ersten Stunde schloss sich in den 1930er-Jahren den Freien Gewerkschaften an, die 1934 aufgrund der austrofaschistischen Machtübernahme verboten wurden. Wegen seiner illegalen Tätigkeit war er zweimal (1934 und 1937) inhaftiert. Nach Kriegsende wurde er Funktionär des neu formierten Österreichischen Gewerkschaftsbundes (ÖGB). Zwischen 1956 und 1986 war Benya Abgeordneter zum Nationalrat und von 1971 bis 1986 der am längsten dienende Erste Nationalratspräsident der Republik. Seine vielen Präsidentschaften (u. a. Rapid Wien, ÖGB, Nationalrat) brachten ihm den Beinamen „der Präsident" ein.

Im hübsch gestylten **Radio Café** (Argentinierstraße 30a, www.radiocafe.at, Mo–Fr 10–18 Uhr) trifft man sich gern zum Frühstück.

Gleich im Anschluss an den Bau folgt eine lange Mauer, die meist von Plakatwänden verdeckt ist. Dahinter erstreckt sich der Park der **Theresianischen Akademie** (Favoritenstraße 15, www.theresianum.ac.at). Der Grünraum misst stolze 50.000 Quadratmeter und umfasst einen Fußballplatz, ein Schwimmbad, Tennisplätze, Beachvolleyballplätze und vieles mehr.

Als Gymnasium für Adelssöhne von Maria Theresia 1746 gegründet, beherbergt das Theresianium heute neben der Schule und dem Internat auch die diplomatische Akademie.

Für Sauerstoff ist weiterhin gesorgt, denn nach wenigen Metern schon folgt wieder

Versteckter Grünraum: der Anton-Benya-Park

eine Parkanlage. Benannt nach dem Gewerkschafter **Anton Benya** (SPÖ), von 1971 bis 1986 Nationalratspräsident und neben Bruno Kreisky der wichtigste SPÖ-Politiker der damaligen Zeit.

Der Park gehört – wie auch das Theater Akzent – zum 1983 eröffneten Adolf-Czettel-Bildungszentrum mit Eingang in der Theresianumgasse 16–18. Er wurde 1990 der Öffentlichkeit zugänglich gemacht und verfügt u. a. über ein Basketball- und ein Fußballfeld sowie Grünflächen, die für Picknicks genutzt werden dürfen (Öffnungszeiten: Nov. bis März 9–18, April bis Okt. 9–21 Uhr).

Ursprünglich befand sich in diesem weitläufigen Park das Palais Rothschild, bewohnt ab 1871 von Nathaniel von Rothschild, der mit seinem Bruder zusammen die Geschäfte des Wiener Bankhauses führte.

Während des Zweiten Weltkriegs als Gestapo-Gefängnis genutzt und bei den Bombardierungen Wiens stark beschädigt, wurde das mit wertvollen Sammlungsstücken eingerichtete Palais nach 1945 der Familie Rothschild zurückerstattet. Diese ließ die Reste jedoch abtragen und verkaufte das Grundstück an die Arbeiterkammer Wien.

An der Stelle, wo seit 1960 die **Arbeiterkammer Wien** (Prinz-Eugen-Straße 20–22, zu erreichen über die Plösselgasse, https://wien.arbeiterkammer.at) ihren Sitz hat, befand sich ein weiteres Palais Rothschild, 1884 für Albert, den Bruder Nathaniels, im Stil der französischen Neo-Renaissance erbaut. Es wurde 1938 vom NS-Regime beschlagnahmt und diente bis

Pfarrkirche St. Elisabeth, zu Ehren von Sisi 1866 geweiht

Kriegsende als Zentralstelle für jüdische Auswanderung. Nahezu unbeschädigt wurde es danach an Louis Nathaniel Freiherr von Rothschild, den letzten bedeutenden Vertreter des Wiener Zweiges der Bankiersfamilie, restituiert. Dieser überließ es der Republik Österreich mit der Auflage, einen Pensionsfonds für die ehemaligen Angestellten der Firma einzurichten. Der Bund hatte für das wertvolle Objekt der Ringstraßenepoche keine Verwendung und ließ es abtragen. Die reiche Kunstsammlung der Familie wurde 1999 an die Erben restituiert.

Geblieben ist das „kleine" Palais (Albert) Rothschild an der Adresse Prinz-Eugen-Straße 26, erbaut von Ferdinand Fellner und Hermann Helmer. Der brasilianische Staat erwarb es von den Erben der Familie Rothschild und errichtete darin seine Botschaft.

Zurück in der Argentinierstraße werfen wir einen Blick auf das imposante Palais, das Ecke Argentinierstraße/Theresianumgasse 21 die **Spanische Botschaft** samt Botschafterresidenz beherbergt. Für Adolf Ritter von Schenk im Stil römischer Palazzi des 17. Jahrhunderts 1890 erbaut, ist es eines der wenigen Objekte der Architekten Fellner und Helmer, das kein Theater darstellt. Die beiden Baumeister sind berühmt für ihre „Theaterschatullen", die alle ähnlich aussehen und so leicht erkennbar sind.

In der Sichtachse der ansteigenden Argentinierstraße haben wir sie längst schon erblickt, die denkmalgeschützte **Pfarrkirche St. Elisabeth**, nun stehen wir auf dem Platz davor (Sankt-Elisabeth-Platz 9, https://st-elisabeth.at). Nach Fertigstellung der Inneneinrichtung wurde sie am 18. November 1866, dem Vorabend des Namensfests der Kaiserin Elisabeth, geweiht. Ein paar Jahre später kam der kleine **Markt** (Sankt-Elisabeth-Platz) hinzu, der bis heute besteht. Wer Lust hat, sich mit Obst einzudecken, kann das jetzt hier tun.

Auch wenn es beim Radfahren nicht ratsam ist, allzu oft zu pausieren, sei ein Zwischenstopp im **Café Goldegg** (Argentinierstraße 49, www.cafegoldegg.at, Mo–Sa 8–20, So, Fei 9–19 Uhr) unbedingt empfohlen. Eine Kaffeehauslegende abseits der Innenstadt und der ausgetretenen Touristenpfade, die zu entdecken sich lohnt. Seit der Eröffnung 1910 Stammlokal der Eisenbahner, diente das Café während der NS-Zeit als Treffpunkt verfolgter Gewerkschafter und revolutionärer Sozialisten. 1988/89 erfolgte eine vom Wiener Altstadterhaltungsfonds unterstützte, originalgetreue Sanierung. Seither steht es unter Denkmalschutz.

Es geht weiter leicht bergauf, doch bevor es noch richtig anstrengend wird, erreichen wir den Wiedner Gürtel.

Café Goldegg – eine Kaffeehauslegende

Der Hauptbahnhof, Impulsgeber für einen neuen Stadtteil

Im Zuge der Eröffnung des neuen Hauptbahnhofs 2014 haben sich in seiner Nähe einige neue Hotels angesiedelt. Z. B. das **Mooons** (Wiedner Gürtel 16, www.mooons.com) mit kleinem Garten und attraktiver Rooftop-Bar.

Abstecher zum Hauptbahnhof

In direkter Verlängerung der Argentinierstraße führt die Gertrude-Fröhlich-Sandner-Straße zum 3 **Hauptbahnhof,** der als nationale, internationale und regionale Verkehrsdrehscheibe fungiert und zu dem, wie neuerdings überall auf der Welt, auch ein Einkaufszentrum gehört. Seit 2016 steht Biker*innen mit der **Radstation** (Am Hauptbahnhof 1, Mo–Fr 9–18 Uhr) auch eine Servicestelle und ein Shop zur Verfügung, betrieben von langzeitarbeitslosen Menschen, die so eine Chance erhalten, auf dem Arbeitsmarkt Fuß zu fassen.

Wer dringend etwas einkaufen oder der Radstation einen Besuch abstatten möchte, schlägt den Weg dorthin ein. Alle anderen überqueren bei der Ampel den Wiedner Gürtel, biegen links ab und fahren parallel zum Straßenverkehr bis zum Quartier Belvedere.

Etappe 2: Von Schloss Belvedere zum Arsenalsteg

An der großen Kreuzung, wo die Prinz-Eugen-Straße in die Arsenalstraße übergeht, lässt sich ein schöner Blick auf 4 **Schloss Belvedere** (www.belvedere.at) erhaschen. Je nach Zeitplan und Interessenlage macht ein Abstecher durchaus Sinn. (Räder müssen vor dem Park abgestellt werden!) Das von Johann Lukas von Hildebrandt geschaffene barocke Gesamtkunstwerk wurde für den Feldherren Prinz Eugen von Savoyen (1663–1736), der 1717 die Türken vor Wien besiegte, erbaut. Es besteht aus zwei Gebäuden: das sogenannte Untere Belvedere war der Wohnsitz des Prinzen, der obere Teil diente der Repräsentation. Die in Terrassen angelegte Gartenanlage mit Wasserbassins gilt als Höhepunkt barocker Landschaftsarchitektur.

Und der Superlativen nicht genug, ist im **Oberen Belvedere** (Prinz-Eugen-Straße 27, Di–So 10–18 Uhr) „Der Kuss" von Gustav Klimt zu sehen, das wohl berühmteste Kunstwerk Österreichs. Weitere 23 Klimt-Gemälde – darunter „Judith" – bilden das Herzstück der 2018 neu konzipierten Dauerausstellung über österreichische Kunst.

Unter den vielen Exponaten findet sich auch ein eher bescheidenes Werk, das aber einen großen Moment der Geschichte des Landes verewigt: die im Belvedere am 15. Mai 1955 stattgefundene Unterzeichnung des österreichischen Staatsvertrages.

Für Pflanzenliebhaber*innen nicht uninteressant zu erfahren ist, dass sich auf dem Areal des Belvedere der älteste **Alpengarten** Europas befindet (Landstraßer Gürtel 1, www.bundesgaerten.at).

Falls man sich für einen Belvedere-Rundgang entschieden hat, bietet die **Bakery im Hotel Daniel** (Landstraßer Gürtel 5, www.hotel-daniel.com) sich jetzt für eine Kaffeepause an. Erfrischend wirken die bunt zusammengewürfelten Sesseln und Fauteuils in der Lounge – umrahmt von der Sixties-Architektur des Gebäudes.

Wer auf den Abstecher zum Belvedere verzichtet hat, biegt nun an der Kreuzung

Unesco-Weltkulturerbe: Barockschloss Belvedere und Garten

Gegenwartskunst im Belvedere 21

Wiedner Gürtel/Prinz-Eugen-Straße in die Arsenalstraße ein und fährt den 2016 eröffneten 5 **Erste Bank Campus** entlang. Die geschwungene Architektur des Gebäudes bezieht die benachbarten Parks mit ein und erzeugt Offenheit. Die **Erste Stiftung Bibliothek** (Am Belvedere 1, www.erstestiftung.org/de/kontakt) ist öffentlich zugänglich und kostenfrei nutzbar.

Wir wechseln auf die gegenüberliegende Seite der Arsenalstraße, neben der sich der 6 **Schweizergarten** (Landgutgasse 1) erstreckt, ein 1906 im Stil englischer Landschaftsarchitektur eröffneter Park.

Seinen jetzigen Namen erhielt er 1920 aus Dankbarkeit für die großzügige Hilfe, die das Nachbarland Schweiz der notleidenden Wiener Bevölkerung nach dem Ende des Ersten Weltkriegs geleistet hatte.

In den 1960er-Jahren wurde hier das Staatsgründungsdenkmal errichtet, es erinnert an die Gründung der österreichischen Republik im Jahr 1918 und ihre Wiedererstehung im Jahr 1945.

Nach der Weltausstellung 1958 in Brüssel fand der österreichische Pavillon von Karl Schwanzer, einem wichtigen Vertreter der Nachkriegsarchitektur, im Schweizergarten einen fixen Standort und wurde zum Museum des 20. Jahrhunderts (20er-Haus). Nach Um- und Ausbau 2011 als Dependance der österreichischen Galerie Belvedere wiedereröffnet, trägt er nun den inoffiziellen Namen „21er Haus“, offiziell 7 **Belvedere 21** (Arsenalstraße 1, belvedere21.at, Di–So 11–18 Uhr). Gezeigt wird österreichische Kunst des 20. und 21. Jahrhunderts im internationalen Kontext. Zu sehen ist aber auch das sogenannte „Blickle Kino“, das einzige komplett erhaltene Kino Wiens aus den 1950er-Jahren. Ein Kleinod für Cineasten und nach der Instandsetzung wieder voll betriebsfähig.

Kostenlos und zu den Museumsöffnungszeiten zugänglich ist auch der Skulpturengarten des Belvedere 21 mit Werken international bekannter Künstler*innen (Zugang vom Schweizergarten aus).

Nach dem Museumsbesuch lädt die **Lucy Bar** im Belvedere 21 zu einer kleinen Rast ein.

Jede moderne Metropole, die was auf sich hält, verfügt über ein architektonisches Meisterwerk von Renzo Piano. In Paris ist es das Centre Pompidou, in London The Shard, der höchste Wolkenkratzer der EU, und in New York das Times Building. Mit den 8 **Parkappartements am Belvedere** hat nun auch Wien ein solches Vorzeigeprojekt.

Da der Radweg auf der rechten Seite der Arsenalstraße unmittelbar neben dem Gebäude verläuft, fehlt uns der nötige Abstand, um einen guten Eindruck zu erlangen. Aus einer anderen Perspektive jedoch erkennt man das Markenzeichen des großen Architekten: Licht und Leichtigkeit. Die fünf Wohntürme stehen auf Stelzen, so entsteht der Eindruck, das Gebäude würde erst weit über unseren Köpfen beginnen. Diese Durchlässigkeit und Transparenz soll später, wenn die Anlage einmal fertig ist, eine visuelle Verbindung zu den Grünflächen schaffen.

Auf Nr. 10 hat das zur Hyatt-Gruppe gehörende **Hotel Andaz Vienna Am Belvedere**

Blick von der Dachterrasse des Hotels Andaz

Das Heeresgeschichtliche Museum

(Arsenalstraße 10, www.hyatt.com) eröffnet, mit dem Restaurant Eugen 21 in der Lobby und der Rooftop-Bar Aurora im 16. Stock.

Wir fahren auf der rechten Straßenseite weiter, optisch wird dieser Abschnitt nun von dem mächtigen Gebäudekomplex des 9 **Arsenals** dominiert. Die Revolution von 1848 hatte dem jungen Kaiser Franz Joseph I. offenbar ziemliche Angst eingejagt, und so war die Errichtung dieser riesigen militärischen Anlage eines der ersten Bauvorhaben nach Regierungsantritt des 19-Jährigen. Von den großen Ringstraßenarchitekten wie August Sicard von Sicardsburg, Eduard van der Nüll, Theophil Hansen und Ludwig Förster geplant, besteht die Anlage aus zahlreichen Objekten.

Über den Dächern des Ensembles ragt der 155 Meter hohe, sogenannte **Arsenal- oder Funkturm** auf, der, obwohl gut sichtbar und recht dominant im Stadtbild, im kollektiven Bewusstsein der Wiener*innen kaum vorhanden ist. Der Grund dafür liegt wohl darin, dass er, anders als sein Zwilling im Donaupark, der Öffentlichkeit nicht zugänglich ist. Erbaut als fernmeldetechnische Schaltstelle in den 1970er-Jahren, beherbergt er heute das Datencenter eines großen Mobilfunkunternehmens.

Das im Arsenal eröffnete „Waffenmuseum" sollte ursprünglich den Ruhm der k. u. k. Armee illustrieren, existierte lange in der Form des **Heeresgeschichtlichen Museums** (Arsenal, Objekt 1, www.hgm.at, Mo–So 9–17 Uhr) weiter und soll nun neu konzipiert und zeitgemäß gestaltet werden.

Dokumentiert wird u. a. die Geschichte der Habsburgermonarchie bis zu ihrem Zerfall 1918. In einem eigenen Saal sind das Automobil, in dem Thronfolger Franz Ferdinand und seine Gattin 1914 erschossen wurden, der blutige Waffenrock des Erzherzogs und die Chaiselongue, auf der er starb, zu sehen.

Vor dem Hintergrund von so viel Historie mutet der 2020 eröffnete **Arsenalsteg** fast futuristisch an. Er führt über die Gleise der Ostbahn, schafft so eine neue Geh- und Radverbindung zwischen dem dritten und dem zehnten Bezirk und schlägt eine Brücke vom Arsenal zum neuen Stadtteil „Sonnwendviertel".

Ein Lift bringt uns auf 13 Meter Höhe, unter uns breiten sich die Gleisanlagen der Bahn aus, beim Blick zurück taucht hinter dem Arsenal die Silhouette des Kahlenbergs auf.

Etappe 3: Durchs Sonnwendviertel

Auf der anderen Seite des Steges angelangt, gleiten wir über eine sanft geschwungene Rampe hinab ins 10 **Sonnwendviertel** – ein spannendes Stadtentwicklungsgebiet, das der jungen Architekturszene Wiens Raum bietet, ihr Potenzial zu zeigen.

Modernität bedeutet hier fahrradtauglich, fußgängerorientiert, sozial durchmischt, gendergerecht. Statt Mietshäusern wurden Hausprojekte errichtet, statt Büros Co-Working-Spaces, statt Zimmer-Küche-Kabinett flexible Raumeinheiten, die je nach Lebensphase vergrößert oder verkleinert werden können.

Viele zukunftsweisende Aspekte des Viertels offenbaren sich schon auf den ersten Blick: Fahrradgaragen, E-Tankstellen und viele Kilometer markierter autofreier Wege. Die Stimmung ist gut, als bunte Farbtupfer zeichnen sich auf den Klettergerüsten Kinderkleider ab, auf der Wiese rollt der Fußball, auf den Tischen im Freien liegt das Jausenbrot oder der aufgeklappte Laptop. 5000 Wohnungen sollen bis 2025 hier entstehen, geförderte wie frei finanzierte, was bewirkt, dass Menschen mit unterschiedlichem wirtschaftlichem Background

Der Arsenalsteg – Brücke ins Sonnwendviertel

Bücher-Self-Service im Gleis 21

hier aufeinandertreffen und miteinander leben werden. Zusätzlich zu den privat genutzten Flächen bieten die meisten der Neubauten Raum für gemeinsame Aktivitäten: von der Gemeinschaftsküche und der Bibliothek über die Sauna bis hin zur Werkstatt, dem Kindergarten, dem Atelier oder dem Fitnessraum.

Die Namen der Plätze und Straßen im neuen Viertel sind nicht zufällig gewählt, sie schaffen Identität, indem sie Akteur*innen aus Politik und Kultur beider Welten – jener der Bourgeoisie im dritten Bezirk und jener der Arbeiterklasse im zehnten Bezirk – ins Rampenlicht stellen.

Der Park im Zentrum des Areals etwa trägt den Namen 11 **Helmut-Zilk-Park** und ist nach dem in Favoriten geborenen Journalisten, SPÖ-Politiker und Bürgermeister Wiens der Jahre 1984–1994 benannt. Mit rund 520 neu gepflanzten Bäumen ein ambitioniertes Projekt. Wiesen und Kinderspielplätze gibt es bald einmal wo, aber hier kommen noch Nachbarschaftsgärten, Schmetterlingswiesen und ein Motorikpark hinzu. Was natürlich nicht fehlen darf, ist ein **Café** (Der Mann, Parkpavillon 1, www.dermann.at/filiale/helmut-zilk-park, Mo–Fr 7–18, Sa, So und Fei 8–18 Uhr) mit Sonnenterrasse und WC-Zugang für alle Parkbenutzer.

Nachdem wir einen ersten Eindruck gewonnen haben, setzen wir unsere Tour fort. Die Gasse, in die der Arsenalsteg mündet, heißt Sissy-Löwinger-Weg, nach der beliebten Volksschauspielerin und Star der TV-Serie „Löwingerbühne“, die in den 1960er-Jahren Familien geschlossen vor dem Fernseher versammelte.

Wir begeben uns jetzt in den östlichen Teil des Viertels zu 12 **Bikes and Rails** (Emilie-Flöge-Weg 4, www.bikesandrails.org, www.lenkerbande.at), einem Holzpassivhaus mit eigener Solarstromanlage auf dem Dach. 18 Wohneinheiten, ein Café und Geschäftslokale – darunter auch eine **Fahrrad-Selbsthilfe-Werkstatt** – gehören dazu. Das Projekt soll „nicht dem Profit, sondern der Etablierung von wirtschaftlichen Alternativen entlang von Solidarität und Nachhaltigkeit dienen“, so die Vision.

Zum Namen der Straße eine kurze Notiz: Emilie Flöge war die Frau, mit der Gustav Klimt sich in seinem Gemälde „Der Kuss“ als Liebespaar darstellte. Von Beruf Designerin, entwarf sie Modellkleider für die Damen der Wiener Gesellschaft, u. a. auch für Adele Bloch-Bauer, die von Klimt 1907 porträtiert wurde und deren in den USA lebende Nichte dafür kämpfte, das Gemälde von der Republik Österreich restituiert zu bekommen, was ihr schließlich auch gelang. Der Film „Die Frau in Gold“ (2015) dokumentiert in vereinfachter Form diesen Kampf.

Dass unser nächstes Ziel, die zentrale Fußgängerzone, Adele-Bloch-Bauer-Promenade heißt, würdigt einerseits die aus Österreich vertriebene Familie und andererseits auch das Bild der Adele, eines der ganz großen Meisterwerke des Jugendstils.

Die Promenade ist so angelegt, dass es Spaß macht, hier zu flanieren, deshalb steigen wir ab und schieben unser Rad bis zur Hausnummer 22. Der Holzbau **Gleis 21** (Adele-Bloch-Bauer-Promenade 22, www.gleis21.wien) präsentiert

Co-Working-Spaces und Kantine im Stadtelefanten

Brotfabrik Wien: Industriedenkmal, heute Loft City

sich im Erdgeschoß als Bücherwand, wo jeder und jede Lesestoff deponieren oder abholen kann. Die Verlockung ist groß, hier stehen zu bleiben und ein bisschen zu schmökern.

Auch schräg vis-à-vis lohnt es sich haltzumachen. Hier trägt der 13 **Stadtelefant** (Adele-Bloch-Bauer-Promenade 23, stadtelefant.at) sein Credo an der Außenhaut zur Schau. „Miteinander ist man stärker und lebt unbeschwerter. From architects with love", verkündet ein auf den Glasfronten angebrachtes Spruchband. Das 2018 fertiggestellte Quartiershaus beherbergt Büros und Co-Working-Spaces für Architekt*innen und war Preisträger des Bauherrenpreises 2019.

Das Lokal im Erdgeschoß, **Mimi im Stadtelefant** (Mo, Di 10–15, Mi–Fr 10–15 und 17–23 Uhr), dient tagsüber als hauseigene Kantine und steht auch Gästen von auswärts offen.

In der Verlängerung folgt die Maria-Lassnig-Straße, gedacht als Hommage an die 2014 verstorbene Malerin und Grafikerin, die zu den bedeutendsten Künstlerinnen des 20. Jahrhunderts zählt. Auf Nr. 33 befindet sich demgemäß ein zu Beginn 2021 fertiggestelltes Gebäude mit Ateliers (**Atelierhaus C21**, Maria-Lassnig-Straße 33, www.c-21.at) für Freiberufler, Handwerker, Künstler, Kleingewerbetreibende und andere Kreative.

Es besticht mit einem offenen, flexiblen Raumgefüge zum Arbeiten und – unter Umständen – auch zum Wohnen. Die Raumstrukturen sind durch zweigeschoßig verschachtelte Innenräume vorgegeben, ihre Nutzung können von den Eigentümer*innen selbst gestaltet und bestimmt werden, das ist das Besondere an diesem Konzept. Für das Miteinander stehen das Foyer und der Salon im Erdgeschoß zur Verfügung sowie eine Dachterrasse und ein Garten.

Weiters gibt es ein kleines Café im Eingangsbereich sowie eine Galerie im ersten Untergeschoß.

Etappe 4: Vom Sonnwendviertel in die Brotfabrik

Wir fahren die Maria-Lassnig-Straße weiter, werfen einen Blick auf die 2018 fertiggestellt Südbahnbrücke, die eine weitere Verbindung zwischen drittem und zehntem Bezirk darstellt. Über die Eva-Zilcher-Gasse und Gudrunstraße kommen wir in die Absberggasse und befinden uns jetzt im Herzen von Favoriten, einem Bezirk, der bis Mitte des 19. Jahrhunderts noch quasi unbesiedelt war und heute zu den bevölkerungsreichsten der Stadt gehört.

Für den Bau der Eisenbahn und des Arsenals mussten in der ganzen Monarchie Arbeitskräfte angeworben und Wohnungen für sie gebaut werden. Gründerzeitliche Bauten prägen daher bis heute große Teile Favoritens. Im Übrigen ein Multikulti-Bezirk, etwas rau, aber lebendig.

Eine hippe Enklave bildet allein die 14 **Brotfabrik Wien** (Absberggasse 27, www.brotfabrik.wien), unser nächstes Ziel. Wo bis 2008 der „gstaubte Weckn" oder das „Gstaubte" – wie man in Wien zu dem mehlbestäubten, unverwechselbaren Schwarzbrot sagt – produziert wurde, sind Galerien, Ateliers, Schauräume, Büros, Event-Locations, Lofts, kleine Shops und Beisln eingezogen. New York grüßt Wien!

Die stillgelegten historischen Teile der Fabrik wurden Anfang 2009 von der Loft City GmbH & Co KG gekauft und vor dem Abriss bewahrt. Dieses Beispiel der Umnutzung alter Industriebauten zu Kulturfabriken – in anderen Metropolen längst Usus – steht in Wien ziemlich einzigartig da.

Deshalb lohnt es sich besonders, sich hier länger umzusehen. Die **Galerie Ernst Hilger** (www.hilger.at, www.brotkunsthalle.com), bekannt durch ihre Location in der Innenstadt, bespielt gleich zwei

Vintageladen Lichterloh

große Ausstellungsflächen mit zeitgenössischer Kunst.

Ostlicht (www.ostlicht.at), die Dependance der berühmten Fotogalerie WestLicht im siebten Bezirk, zeigt regelmäßig Sonderausstellungen. Auch die führende **Fotoagentur** von Regina Maria **Anzenberger** (www.anzenbergergallery.com) hat in der Brotfabrik eine Zweigstelle eingerichtet.

Kostenlosen Musikunterricht für Kinder und Jugendliche gibt es im **Verein Superar** (www.superar.eu).

★ UNBEDINGT HINFAHREN

Böhmischer Prater → Seite 83
Japanischer Garten im Kurpark Oberlaa → Seite 86
Zukunftshof → Seite 88

Erwähnt sei schließlich noch der Vintage-Möbel-Shop **Lichterloh** (www.lichterloh.com), der österreichisches Design der Zwischen- und Nachkriegszeit zeigt und auch Kurse für Hobby-Restaurateur*innen veranstaltet.

Relativ neu auf dem Areal ist das **BräuhausTenFifty** (de.tenfifty.at, Do 18–23, Fr 17–23 Uhr), das hier seit 2018 im ehemaligen Maschinenraum Craft-Bier erzeugt und eine Bar betreibt. Im Angebot sind drei verschiedene Biersorten: Wiener Weizen, Pale Ale und Red IPA.

Mittagessen für den guten Zweck gibt es in **Magdas Kantine** (www.magdas-kantine.at, Mo–Fr 10–15 Uhr), einem Caritas-Projekt, das Flüchtlinge und Arbeitslose beschäftigt.

Während man auf sein Essen wartet, kann man sich kurz in die Geschichte von „Ankerbrot Wien" vertiefen. Gegründet 1891 von Heinrich und Fritz Mendl wuchs die Fabrik innerhalb eines Jahrzehnts zur größten Bäckerei Europas heran. Seit 1907 war sie offiziell k. u. k. Hoflieferant, im Ersten Weltkrieg versorgte sie die Wiener Bevölkerung mit dem wichtigsten Grundnahrungsmittel. 1938 wurde der Betrieb „arisiert", der Familie Mendl gelang die Flucht. Trotz mehrerer Bombentreffer konnte die Produktion fast durchgehend aufrechterhalten werden. Nach Kriegsende kehrten die Mendls aus der Emigration zurück und übernahmen wieder ihren Betrieb.

Seit 2013 ist Ankerbrot Teil der österreichischen Austro Holding Gruppe. Im Jahr 2021 feierte das Unternehmen sein 130-jähriges Bestehen und plant die Übersiedlung an einen neuen Standort im elften Bezirk.

Etappe 5: Von der Brotfabrik zum Laaer Wald

Die ausgeschilderte Strecke zum nächsten Ziel, dem Böhmischen Prater, führt durch die vor der Brotfabrik links abzweigende Puchsbaumgasse.

Da die Route aber verspricht, interessante und at-

Galerie Hilger: Kunst in der Brotfabrik

traktive Grünräume zu erkunden, darf ein Besuch im nahe gelegenen Stadtteil 15 **Monte Laa,** der um die Jahrtausendwende zu den Erfolgsgeschichten des Wiener Wohn- und Städtebaus zählte, nicht fehlen. Nach dem Masterplan des Architekten Albert Wimmer entstanden Wohn- und Bürogebäude, die dem Grundsatz „Arbeiten, wo man wohnt – erholen, wo man arbeitet" folgten und die Homeoffice-Realität, die zwanzig Jahre später einsetzen sollte, vorwegnahmen.

Für die Gestaltung der Grünanlage zeichnet die amerikanische Landschaftsarchitektin Martha Schwartz verantwortlich, die den 12.400 Quadratmeter großen Park mit Ruheplätzen, Aktivzonen und Promeniermeilen ausstattete. Markantestes Element bilden die begrünten Rampen, die als tatsächliche und optische Erhöhungen einzelne Bereiche begrenzen.

Die Idee des Stadtteils Monte Laa entwickelt sich auch heute, mehr als zehn Jahre nach seiner Entstehung, ständig weiter – immer wird irgendwo gebaut und es ergeben sich neue Blickpunkte.

Um die Tour fortzusetzen, biegen wir links in die Urselbrunnengasse ein und nehmen die erste Abzweigung rechts, um zum 16 **Laaer Wald** zu gelangen.

Dabei handelt es sich um ein vierzig Hektar großes Naherholungsgebiet, das 1982 der Öffentlichkeit zugänglich gemacht wurde.

In diesem Freiraum, der Übergangszone zwischen Stadt und Land, ist gegen Ende des 19. Jahrhunderts der 17 **Böhmische Prater** (Laaer Wald 30c, www.böhmischer-

Der Böhmische Prater, seit 1899 am Laaer Berg

prater.at) entstanden, ein kleiner Vergnügungspark, den wir nach einem kurzen Anstieg erreichen. Der Name bezieht sich auf die aus Böhmen und Mähren eingewanderten Ziegelarbeiter, die in den Fabriken am Wienerberg arbeiteten und dort unter erbärmlichen Verhältnissen hausten. Entlohnt wurden sie mit „Blechgeld", einer illegalen eigenen Währung, die sowohl auf dem Werksgelände als auch im Böhmischen Prater als Zahlungsmittel diente.

Fast zeitgleich mit dem „Wurstelprater" im Zentrum Wiens entstanden hier, vom Volk fürs Volk errichtet, vergleichbare, wenn auch bescheidenere Attraktionen. 1899 ging das hölzerne, noch händisch angetriebene Riesenrad in Betrieb. Der elektrische Strom kam erst in den 1920er-Jahren.

Bis heute gehören Ringelspiele, Schaukeln und die „Raupenbahn" zu den beliebtesten Vergnügungen. Nostalgie pur!

Etappe 6: Vom Böhmischen Prater zum WIG-Gelände

Beim Otto-Geißler-Platz – mitten in der Schrebergartensiedlung – erreichen wir den Eingang zur **Parkanlage Löwygrube.**

Der Blick über die Stadt hinweg bis ins Marchfeld lässt uns kurz innehalten.

Die Tische und Bänke laden ein, vielleicht noch den Rest des Proviants zu verzehren, bevor es den Löwyweg runtergeht. Wir folgen dem Stadtwanderweg 7, der auch für Radfahrer*innen zugelassen ist. Es geht hurtig bergab, im Nu erreichen wir die Bitterlichstraße, biegen hier rechts ab, fahren auf dem Radweg neben der stark befahrenen Straße ein Stück bergauf bis zur Burgenlandgasse, die linker Hand abzweigt. Wir folgen dieser ruhigen Gasse, die von Häusern mit bunten Blumenbeeten in kleinen Vorgärten gesäumt ist.

Es geht wieder bergab, bald erreichen wir die Filmteichstraße.

Der Name erinnert daran, dass das Gelände der Wienerberger Ziegelteiche einst Schauplatz großer österreichischer Filmproduktionen war. In den 1920er-Jahren tummelten sich hier ganze Heerscharen von Statisten, angeworben in den dicht besiedelten Wohngebieten Favoritens, als der dreistündige Stummfilm „Sodom und Gomorrha" gedreht wurde und ein paar Jahre später der opulente Streifen „Die Sklavenkönigin".

Wir lassen den großen Parkplatz links liegen und fahren zum Nordeingang des 18 **Kurparks Oberlaa** (Laaer-Berg-Straße, geöffnet Nov. bis Jän. 6–18, Feb. 6–19, März und Okt. 6–20, April und Sept. 6–21, Mai bis Aug. 6–22 Uhr), der in großen Lettern neben dem Tor angekündigt wird. Auch das Logo „WIG 74" leuchtet auf.

Um an den Erfolg der Wiener Internationalen Gartenschau 1964 (WIG 64) anzuknüpfen, entschied sich die

Japan grüßt Wien: Blumenpracht im Kurpark Oberlaa

Wiener Stadtregierung zehn Jahre später für ein Nachfolgeprojekt. Das ehemalige Ziegeleigelände am Südosthang des Laaer Bergs lag brach und bot sich dafür geradezu an. Geplant und gestaltet von einer internationalen Arbeitsgemeinschaft aus Landschaftsarchitekten wurde die WIG 74 so wie ihre Vorgängerin eine großer Erfolg. Bundeskanzler Bruno Kreisky nannte die Anlage gar das „Schönbrunn des 20. Jahrhunderts". 2,6 Millionen Besucher*innen kamen, um sich an der Blumenpracht zu erfreuen, sie gingen zu Fuß oder benützten eine für den Zweck errichtete spacige Einschienenbahn. Ende 1974 wurde das Areal in einen öffentlichen Park umgewandelt. Charakteristisch sind bis heute die dem abschüssigen Terrain sich anpassenden Wege. Es geht stets auf und ab. Was den Park weiter auszeichnet, sind die vielen Wasserflächen – vom Schwanensee über den Seerosenteich bis hin zum Teich im japanischen Garten. Ein positiver Aspekt ist letztlich auch, dass sich ständig etwas verändert und immer etwas hinzukommt.

So wurde 2019 der riesige „Rosenberg" mit rund 2400 duftenden Exemplaren komplett neu bepflanzt.

Was unsere Route betrifft, so ist der Downhill-Aspekt natürlich attraktiv. Es geht hurtig bergab, vorbei an Teichen, Blumenbeeten, Sitzbänken und großen Rasenflächen.

So man sich nicht dafür entscheidet, eine Runde zu drehen und erneut bergauf zu radeln, um andere Bereiche des Parks zu erkunden – z. B. den Allergiegarten oder das Tiergehege –, landet man bei der Therme Wien oder besser gesagt bei der 1974 eröffneten Kurkonditorei Oberlaa (Kurbadstraße 12, Mo–So 9–18 Uhr, www.oberlaa-wien.at) – einem Must für alle Naschkatzen.

Etappe 7: Von der Therme Wien nach Rothneusiedl

Schon Anfang der 1930er-Jahre hatte man am linken Liesingbachufer eine heiße Schwefelquelle entdeckt, das Bohrloch dann aber wieder verschlossen. Die Zeiten waren nicht danach. Nach erneuten Bohrungen in den 1960er-Jahren wurde schließlich die Heilquelle Oberlaa Kurbetriebsges.m.b.H. gegründet und im Oktober 1969 der provisorische Kurbetrieb der Therme aufgenommen. Das Projekt wuchs heran, weitere Quellen konnten erschlossen werden und heute ist die 19 **Therme Wien** (Kurbadstraße 14, www.therme wien.at) ein riesiges Wellness-Gesundheits-Resort mit Saunawelt, Kinderbecken, einem Fitnessbereich und einer Thermenbibliothek, erreichbar seit 2017 mit der U1 vom Stadtzentrum in weniger als dreißig Minuten.

Natürlich könnte die Tour hier bei Muskelentspannung im wohlig-warmen Wasser ihr Ende finden, ambitionierteren Radler*innen sei jedoch eine Fortsetzung empfohlen, zumal es brettleben dahingeht und am Ende der Strecke ein Heurigenbesuch winkt.

In jedem Fall sei ein Abstecher zu dem 2019 neu eröffneten **Barbara-Prammer-Hof** (Fontanastraße 3) empfohlen. Er gilt als Neuauflage des guten alten Gemeindebaus, nachdem die Stadt Wien jahrzehntelang den Bau von Genossenschaftswohnungen for-

Sportbecken in der Therme Wien

ciert hatte. Im Eingangsbereich erinnert ein von Elio Macoritto geschaffenes großflächiges Mosaik mit Zitaten der engagierten Politikerin.

Barbara Prammer trat zeit ihres Lebens für Gleichstellung ein und setzte während ihrer Amtszeit wichtige familienpolitische Anliegen durch. Von 2006 bis zu ihrem Tod 2014 war sie, als erste Frau, Präsidentin des Nationalrats.

Nach diesem kurzen Zwischenstopp fahren wir die Fontanastraße wieder zurück und weiter durch die Kurbadstraße bis zu einer Ampel, dort biegen wir links in die Laaer-Berg-Straße ein und fahren diese Richtung Süden so lange weiter, bis sie in die Leopoldsdorfer Straße übergeht. Bald schon kommen wir zu einer Brücke über den Liesingbach und sehen am Eck das sympathische Wirtshaus **Oberlaaer Dorf-Wirt** (Liesingbachstraße 75, www.dorf-wirt.at). Entlang der Liesingbachstraße liegen auch einige der angekündigten Buschenschanken und Heurigen.

Nach einem „Radler" im Gastgarten steigen wir wieder in den Sattel und biegen vor der Brücke rechts ab. Wir folgen dem Radweg zuerst entlang der Unteren Kaistraße, dann entlang der Kaistraße, bei einer Brücke überqueren wir die Liesing und fahren in die Liesingbachstraße. Wir biegen links ab und folgen der Bundesstraße 16 bis zur Rosiwalgasse, da zweigen wir rechts ab und erreichen unser nächstes Ziel, den 20 **Zukunftshof** (Rosiwalgasse 41–43, www.zukunftshof.at) ein visionäres Stadtlandwirtschafts-Projekt, das aus einem zweistufigen Ideenwettbewerb hervorgegangen ist. Seit Juni 2019 wird

Visionäres Projekt Zukunftshof

Slowfood am Stadtrand: Weinbergschnecken vom Gugumuck-Hof

an der Nachnutzung des um 1900 erbauten Haschahofes gearbeitet. Pionier*innen haben sich zu einem Verein zusammengetan, um künftig die Felder gemeinsam nach dem Prinzip der Kreislaufwirtschaft zu bespielen. Im wachsenden Stadtteil Rothneusiedl soll der Zukunftshof sich als identitätsstiftendes Zentrum etablieren.

Um den Hof auch während der sich aktuell in Planung befindlichen Sanierung nutzen zu können, sind verschiedenste temporäre Veranstaltungen geplant.

Im Anschluss lädt nebenan die Gartenbar der 21 **Wiener Schneckenmanufaktur Gugumuck** (Rosiwalgasse 44, gugumuck.com, Mo–Fr 8–16, Sa 13–22 Uhr) zur Degustation ein. Weinbergschnecken in Wien? Ja, sagt Andreas Gugumuck, der die französische Delikatesse für Wien zurückerobert hat. Immerhin listet ein bewährtes Wiener Kochbuch aus 1810 gleich mehrere Rezepte auf. Darunter: gefüllte Schnecken, Schlamperte Schnecken und sogar Schneckenknödel!

Der Rückweg führt die Rosiwalgasse vor bis zur Himberger Straße, in die wir links und gleich danach rechts in die Liesingbachstraße einbiegen, wir überqueren die Liesing, folgen dem Franzosenweg, biegen links in die Oberlaaer Straße ein und dann wieder rechts in die Kurt-Tichy-Gasse, die uns zur U1-Station Neulaa führt.

Stubentor
Landstr./ Wien Mitte
Sofiensaal
Hundertwasserhaus
Rotundenallee
Arenawiese
Jesuitenwiese
Stadtpark
St. Elisabeth-Spital
Rochusg.
Schüttelstraße
Erdberger Lände
Rustenschacher Allee
Forstwiesen
Rustenschacherallee
Beatrixgasse
Reisnerstraße
St. Rochus
Ungargasse
Landstraßer Hauptstraße
Wassergasse
Erdbergstraße
Dietrichgasse
Donaukanal
Stadionallee
Neulinggasse
Arenbergpark
Kardinal-Nagl-Pl.
Jauresg.
Rechte Bahngasse
Juchgasse
Erdbergstraße
Rennweg
Rennw.
Eslarngasse
Baumgasse
A.-Dallinger-Platz
Schlachthausg.
Th.-Klestil-Platz
Landstraße
Fasanplatz
Belvederegarten
Obere Bahngasse
Schlachthausgasse
Oberes Belvedere
Jacquingasse
Sportzentrum Erdberg
Prinz-Eugen-Straße
Zelman Park
St. Marx
R. Hochner-Park
Landstraßer Gürtel
Schweizer Garten
Landstraßer Hauptstr.
Franzosengraben
Arsenalstraße
Ghegastraße
A23
Heeresgeschichtliches Museum
Modecenterstraße
Favoriten
Arsenal
St.-Marxer-Friedhof
Simmeringer Hauptstraße
Alfred-Adler-Straße
Hyblerpark
Zippererstraße
Lilienthalgasse
Leberstraße
Zipperstr.
Helmut-Zilk-Park
Hlawkagasse
Gudrunstraße
Erlachgasse
Simmering Aspangbahn
Geiselbergstraße
Geiselbergstr.
Herndlgasse
Waldgasse
Steudelgasse
Quellenstraße
Absberggasse
Puchsbaumgasse
Lorystraße
Grillgasse
Herderplatz
Favoritenstraße
Kennerg.
Laaer-Berg-Straße
ÖBB-Haustätte Simmering
F.-Löwe-Str.
Laaer Wald
Grillgasse
Troststr.
Moselgasse
Urselbrunnengasse
Böhmischer Prater
An der Ostbahn
Weldengasse
Erholungsgebiet Laaer Wald
Vogental
Bitterlichstraße
Franz-Horr-Stadion
Altes Landgut
Theodor-Sickel-Gasse
Laaer-Berg-Straße
Sportanlage Laaer Berg
Sommerbad Laaerberg
L.-v.-Höhnel-G.
Endlicherg.
Bitterlichstraße
Heimkehrerg.
Sindelargasse
Siedlung der Privatangestellten
Volkspark
Obere Aßmayrgasse

Beethovens Grab auf dem Wiener Zentralfriedhof

4 Entlang stillgelegter Bahntrassen

AUSGANGSPUNKT 1., U4-Station Stadtpark
ENDPUNKT 11., U3-Station Simmering
ROUTENLÄNGE ca. 13,4 Kilometer

DIE ROUTE Etappe 1: 1 Stadtpark. Etappe 2: 2 Universität für Musik und darstellende Kunst Wien. Etappe 3: 3 Russisch-orthodoxe Kathedrale zum heiligen Nikolaus. Etappe 4: 4 Platz der Opfer der Deportation. Etappe 5: 5 Aspanggründe, 6 Fred-Zinnemann-Platz, 7 Neu Marx. Etappe 6: 8 St. Marx, 9 Marx-Halle, 10 Friedhof St. Marx. Etappe 7: 11 Herderpark. Etappe 8: 12 Wiener Zentralfriedhof, 13 Alter jüdischer Friedhof, 14 Tor 1. Etappe 9: 15 Bestattungsmuseum, 16 Zentralfriedhof Hauptportal, Tor 2, 17 Friedhofskirche zum heiligen Borromäus. Etappe 10: 18 Feuerhalle Simmering, 19 Schloss Neugebäude

Installation „Stage Set" von Donald Judd im Stadtpark

„In Wien musst' erst sterben, bevor sie dich hochleben lassen. Aber dann lebst' lang", dieser Ausspruch von Helmut Qualtinger passt wie kein anderer zu dieser Tour, die den Wiener Zentralfriedhof mit einschließt genauso wie den St. Marxer Friedhof, wo Mozart der Legende nach begraben liegt.

Doch zunächst geht es durch das Botschaftsviertel im dritten Bezirk zum Rennweg, von dem schon Fürst Metternich behauptete, der Balkan würde hier beginnen. Typisch ist bis heute eine gewisse Zweiteilung des Bezirks in eine bürgerliche Zone und eine eher raue, aber deshalb nicht weniger interessante Gegend mit vielen geschichtsträchtigen Bauten und Erinnerungsorten. Die Route verläuft über große Strecken entlang von Bahntrassen, es geht also mit Ausnahme eines kleinen Stücks immer eben dahin.

Etappe 1: Vom Stadtpark in die Rechte Bahngasse

Um das Stationsgebäude zu verlassen, steht uns ein Lift zur Verfügung, der uns in jenen Teil des Parks bringt, der am rechten Ufer des Wienflusses liegt. In das Umfeld des Spielplatzes, an dem wir bald schon vorbeikommen, fügt sich Donald Judds **Installation „Stage Set"** perfekt ein: Die sechs Stoffbahnen in den Farben Orange, Grün, Schwarz, Blau, Gelb und Rot haben etwas Unbeschwertes, sie erinnern an Sonnensegel oder auch an Gemälde von Piet Mondrian.

Unser nächstes Ziel, den 1 **Stadtpark** (Parkring 1), im Stil englischer Landschaftsgärten in den 1860er-Jahren angelegt, erreichen wir über den sogenannten **Stadtparksteg.** Hier machen wir kurz halt, denn diese 1987 von Architekt Hermann Czech entworfene Brücke ist so designt, dass sie einen bestmöglichen Blick auf die 1907 geschaffene berühmte **Wienflussverbauung** bietet. Friedrich Ohmann, Gründungsmitglied der Wiener Secession, war es, der dem Jugendstilensemble mit seinen Treppen und Pavillons sein unverwechselbares Gesicht verliehen hat.

Zu den Sehenswürdigkeiten im Park zählt der **Kursalon** (Johannesgasse 33, www.kursalonwien.at), ein Prachtgebäude im Stil der italienischen Renaissance und zu Zeiten von Johann Strauß ein beliebtes Tanzlokal. Die vergoldete Figur des Walzerkönigs („Schani", der Sohn) gehört mit vielen anderen Skulpturen zu diesen an Denkmälern reich bestückten Park.

Im Pavillon davor spielt die Traditionskapelle der Hoch- und Deutschmeister k. u. k. Wiener Regimentskapelle IR4 (www.deutschmeister.info) im Sommer bei freiem Eintritt.

Die Wiese – „Strauß-Wiese" genannt – darf betreten werden, also spricht nichts dagegen, sich hier kurz niederzulassen und später die beschwingten Walzerklänge mit auf den Weg zu nehmen.

Wir setzen erneut über den Wienfluss über, diesmal bei der weiter unten gelegenen Kleinen Ungarbrücke, verlassen den Park, überqueren den Heumarkt und gelangen in die Rechte Bahngasse, benannt nach der 1857 erbauten Verbindungsbahn zwischen dem ehemaligen Nordbahnhof (s. S. 15) am Praterstern und dem Südbahnhof, heute Hauptbahnhof (s. S. 72).

Etappe 2: Von der Rechten Bahngasse ins Botschaftsviertel

Es geht unmerklich bergauf. Einst dehnten sich hier riesige Gartenanlagen rund um die feudalen Sommerresidenzen der Familien Schwarzenberg, Rasumowski und Metternich aus, später zogen die diplomatischen Vertretungen von Deutschland, Italien, Russland, Großbritannien und

Wienflussverbauung im Jugendstil

Die Universität für Musik und darstellende Kunst Wien

anderer Länder in die barocken Palais ein und eröffneten darin ihre Botschaften. Die elegante Gerade hat bis heute etwas Herrschaftliches.

Hier sollte entlang der Bahntrasse Anfang des 20. Jahrhunderts eine Avenue entstehen, die parkähnliche Begrünung entlang des Weges und die drei repräsentativen Jugendstilhäuser rechts der Fahrbahn zeugen noch davon (Avenue-Hof, Rechte Bahngasse 10–14).

Vis-à-vis vom Avenue-Hof, auf der anderen Seite der Bahngleise, liegt die 2 **Universität für Musik und darstellende Kunst Wien** (Anton-von-Webern-Platz 1, www.mdw.ac.at). Als Tierärztliche Hochschule 1821 erbaut, umfasst sie 24 Institute und gilt als größte Musikuniversität weltweit. Zu ihren Absolventen zählen Celebrities wie Gustav Mahler, Zubin Mehta oder Claudio Abbado. Von der Öffentlichkeit relativ unbeachtet wird die Uni unter Federführung von Architekt Reinhard Gallister, nun schon fast zwanzig Jahre lang in mehreren Realisierungsschritten umgestaltet. Besonders gut gelungen ist das Miteinander von alter und neuer Architektur bei der Bibliothek.

Das **Metallkunstobjekt** vor dem Uni-Gebäude nennt sich „Musica" und wurde vom mexikanischen Künstler Leonardo Nierman geschaffen.

Wir queren die Neulinggasse und fahren im Schatten von Fächerpalmen, blühenden Oleandersträuchern und hoch aufragenden Bambusgewächsen weiter. Ein kleines tropisches Paradies, das in Wirklichkeit nichts anderes ist als der zum Restaurant **Lukullus** (Neulinggasse 29, www.

lucullus-catering.at, Mo–Fr 8–22.30 Uhr) gehörende Schanigarten.

Auch ein Stück weiter oben, Ecke Strohgasse, lässt es sich gut einkehren, da breitet eine mächtige Linde ihr grünes Dach über die Wirtshaustische der **Steirischen Botschaft** (Strohgasse 11, www.restaurant-stb.at, Mo–Fr 11.30– 15 Uhr), auch hier werden entlang der Hauswand im schattigen Schanigarten Speisen aufgetragen und Bier ausgeschenkt.

Etappe 3: Vom Botschaftsviertel zum Rennweg

Ein paar Meter weiter erheben sich hinter einem – an den Eisernen Vorhang erinnernden – Sicherheitszaun die goldenen Kuppeln der 3 **Russisch-orthodoxen Kathedrale zum heiligen Nikolaus** (Jaurèsgasse 2, nikolsobor.org, Mo–So 10–14, Sa 10–17 Uhr). Trotz ihres markanten Erscheinungsbildes kennt sie kaum jemand in Wien, kaum jemand hat den prächtig ausgestalteten Innenraum je betreten. In den traditionellen Formen der russischen Sakralarchitektur errichtet, erinnert das Gotteshaus mit seinen fünf Kuppeln an die Basiliuskathedrale in Moskau. Die Pläne stammen auch von einem russischen Architekten, ausgeführt wurden sie von einem Österreicher und einem Italiener. Der 1899 fertiggestellte Bau sollte besonders beeindruckend sein. Zar Alexander III., Vater des letzten Zaren, zahlte sogar die Hälfte der Baukosten aus eigener Tasche.

Während der Sowjetzeit, als das religiöse Leben abgeschafft war, kam niemand mehr zum Beten hierher, die Kirche diente als Lagerraum.

Doch wurde jeder Sowjetbürger, jede Sowjetbürgerin, die in Visumsangelegenheiten zur Botschaft kam, an die Vergangenheit, an das gute alte Russland erinnert. Anfang der 2000er-Jahre wurde St. Nikolaus aufwendig restauriert und 2008 wieder der Öffentlichkeit zugänglich gemacht.

Abstecher Jaurèsgasse

Auch die Jaurèsgasse, in der sich der Haupteingang zur

Kathedrale St. Nikolaus aus 1899

Kirche befindet, ist voller Bezüge zur jüngeren Geschichte. Benannt wurde sie in der Ersten Republik (1919) nach dem französischen Politiker Jean Jaurès, einem glühenden Reformsozialisten, der 1914 unmittelbar vor Ausbruch des Ersten Weltkriegs einem Attentat zum Opfer fiel. In der Ständestaatsdiktatur hieß sie nach einem deutschen Generalmajor Lustig-Prean-Gasse, in der nationalsozialistischen Diktatur ab 9. Dezember 1938 dann Richthofengasse, nach dem erfolgreichsten deutschen Jagdflieger im Ersten Weltkrieg. 1947 erfolgte die Rückbenennung in Jaurèsgasse. Sehenswert sind auf Nr. 9 die **Iranische Botschaft**, ehemals Palais Sigray St. Marsan, erbaut 1872 im Stil der Neu-Wiener-Renaissance und auf Nr. 12 die 1887 eingeweihte **Anglikanische Kirche**.

★ UNBEDINGT HINFAHREN

Stadtparksteg über den Wienfluss → Seite 93
Bibliothek der Universität für Musik und darstellende Kunst → Seite 94

Zurück in der Rechten Bahngasse halten wir noch einen Moment inne, bevor wir weiterfahren. Auf der linken Seite der Bahngasse fällt ein zinnengeschmücktes, ziegelrotes Gebäude auf – das 1990 eröffnete Pentahotel entstand auf dem Areal der ehemaligen Reitschule des Palais Harrach; interessant dabei ist, dass das historische Stallgebäude nach entsprechender Restaurierung in den Hotelneubau integriert wurde. Daher auch der Name **Imperial Riding School Renaissance Vienna Hotel** (Ungargasse 60, www.marriott.com).

Um die Tour fortzusetzen, folgen wir weiter dem Radweg bis zur nächsten Querstraße, dem Rennweg. Über 150 Jahre lang, von 1382 bis 1534, gab es hier zweimal pro Jahr während des „Wiener Jahrmarkts" ein Pferderennen. Ein Volksspektakel. Vorbilder für solche Events fanden sich in italienischen Städten wie Siena, wo bis heute der Palio stattfindet. Der Parcours führte von der Innenstadt bis hier heraus, wo damals noch Weinberge lagen.

Später dehnte sich die Stadt aus, doch während der Türkenbelagerung von 1683 fiel ein Großteil der Häuser den Kämpfen zum Opfer. Eine neuerliche Besiedelung fand erst wieder um 1750 statt. Fürst Metternich, gefürchteter Geheimdienstchef und Strippenzieher beim Wiener Kongress 1814/15, besaß mehrere Palais hier. Erhalten geblieben ist lediglich das auf Nr. 27, wo heute die italienische Botschaft ihren Sitz hat.

An der Kreuzung zum Rennweg liegt linker Hand das 2003 eröffnete „Zentrum

Mahnmal für die Opfer der Deportation

Rennweg S-Bahn" mit Büros und Geschäften. Rechts das **Sacré Coeur**, eine 1877 auf dem Grundstück des ehemaligen Palais Dietrichstein eröffnete Privatschule, die einst das Ziel verfolgte, Mädchen aus besser situierten Familien Erziehung und Schulbildung zu vermitteln. Die aus der gleichen Zeit stammende **Klosterkirche** (Campus Sacré Coeur, Rennweg 31, sacre-coeur.at, tägl. 7–18 Uhr) ist öffentlich zugänglich.

Wir steigen ab, schieben das Rad und überqueren den Rennweg bei der Ampel.

Etappe 4: Vom Fasanplatz zum Aspangbahnhof

Um unsere Tour fortzusetzen, überqueren wir nun beim Fußgängerübergang die Fasangasse und fahren über den Fasanplatz in die Aspangstraße und weiter auf dem Radweg parallel zu den Gleisanlagen der Schnellbahn S7.

Namensgebend für die Straße ist der **Aspangbahnhof**, der sich hier einmal befand, errichtet 1883 im historisierenden Renaissancestil. Er war das Fragment einer Eisenbahnlinie, die von Wien nach Saloniki hätte führen sollen. Die Wirtschaftskrise von 1873 setzte dem Projekt ein jähes Ende und die Strecke wurde nur bis Aspang im heutigen Niederösterreich ausgebaut.

Der in den 1970er-Jahren abgerissene Bahnhof hat eine düstere Vergangenheit. Während der Naziherrschaft gingen von hier die Transporte in die Vernichtungslager weg. Der Bahnhof wurde vermutlich bewusst ausgewählt, da er weniger stark frequentiert als die großen Bahnhöfe war. Gleichzeitig befand er sich doch mitten in der Stadt, sodass die fast wöchentlich stattfindenden Transporte nicht unbemerkt bleiben konnten.

Auf dem einstigen Vorplatz verweist ein Straßenschild auf die 1995 stattgefundene Umbenennung in 4 **Platz der Opfer der Deportation.** Auf einer zweiten Tafel steht: „Zehntausende Wienerinnen und Wiener sind vom Aspangbahnhof in die nationalsozialistischen Vernichtungslager deportiert und dort ermordet worden."

Wenn wir nun absteigen und das Rad ein Stück durch die sich vor uns ausdehnende Grünfläche schieben, stehen wir vor einem **Monument**, vor dem meist frische Blumen liegen. Zwei lange, konisch zusammenlaufende Betonschienen zeichnen die Gleisanlagen des ehemaligen Bahnhofs nach. An ihrem Ende versperrt ein Betonblock die Weiterfahrt, symbolisch dafür, dass die Reise ins Nichts führte. Nackte, in die Oberflächen eingravierte Zahlen dokumentieren das Grauen: „Aspangbahnhof. 47.035 Deportierte. 47 Transporte 1939 und 1941/42. 1073 Überlebende."

★ UNBEDINGT HINFAHREN

Memorial am ehemaligen Aspangbahnhof → Seite 98
„High Noon" am Fred-Zinnemann-Platz → Seite 100
Robert-Hochner-Park in Neu Marx → Seite 101

Das Mahnmal stammt von der Künstlergruppe PRINDpod und wurde am 7. September 2017 eingeweiht.

Nach dem Zweiten Weltkrieg erhielten die britischen Soldaten der Besatzungsmacht von diesem Bahnhof aus ihren Nachschub an Verpflegung und Ausrüstung. Der Personenbetrieb wurde 1971, als die Schnellbahnstation Rennweg eröffnet wurde, eingestellt, das Bahnhofsgebäude ein paar Jahre später abgerissen. Danach wurde das Bahnareal noch bis 2001 als Güterbahnhof genutzt.

Viele Jahrzehnte lang ließ man die Fläche verwaisen, der Park, der 2008 angelegt wurde, trägt den Namen **Leon-Zelman-Park** (Aspangstraße 2), im Angedenken an den Leiter des 1980 in Wien gegründeten Jewish Welcome Service Vienna (jewish-welcome.at/de), das seine Aufgabe darin sieht, die jüdische Kultur in Österreich zu beleben. „Im Sinne der weltoffenen Tradition Wiens sollen Brücken für die Zukunft geschlagen werden, um Vorurteile abzubauen und zum besseren gegenseitigen Verständnis beizutragen", so das Bekenntnis der Stadtregierung.

Etappe 5: Vom Leon-Zelman-Park nach Neu Marx

Wir setzen unsere Fahrt an der Westseite des Parks auf einem als Fuß- und Radweg ausgeschilderten Weg fort. Dieses

Leon-Zelman-Park, errichtet auf den ehemaligen Aspanggründen

Teilstück führt entlang der sogenannten 5 **Aspanggründe,** die seit 2005 Gegenstand städtebaulicher Überlegungen sind.

In der ersten Realisierungsphase wurden Teile des Leon-Zelman-Parks angelegt und linker Hand entlang des Weges, den wir nun befahren, geförderte Wohnbauten mit dem Thema „Niedrigenergie" von prominenten Wiener Architekt*innen wie Albert Wimmer, Schindler Szedenik architects, Adolf Krischanitz, Kaufmann, Sija Tillner und Feichtinger Architekten errichtet. Die privaten, zu den Wohnungen im Erdgeschoß gehörenden kleinen Gärten bieten einen schönen Anblick. Da wachsen bunte Blumen und es drehen sich Windräder im Wind.

Ein Bildungscampus mit Kindergarten und Schulen wird im September 2021 in Betrieb gehen. Er soll den Namen von Aron Menczer (1917–1943) tragen, der tausende jüdische Kinder außer Landes gebracht und gerettet hat, bevor er selbst bei einem der letzten großen Transporte am 24. September 1942 nach Theresienstadt deportiert und 1943 in Auschwitz ermordet wurde.

Alle Namen in diesem neuen Viertel beziehen sich auf jüdische Persönlichkeiten, rufen Erinnerungen an Frauen und Männer wach, von denen in keinem Geschichtsbuch berichtet wird. Sidonie und Josef Rubin-Bittmann etwa, nach denen die Promenade, die wir nun entlangfahren, benannt ist, haben als U-Boote in Wien überlebt und unter Lebensgefahr anderen Verfolgten das Leben gerettet.

Als Hommage an einen Mann, den hierzulande wenige kennen, der in Hollywood

Hochhausskulptur T-Center

aber auf dem Walk of Fame mit einem Stern vertreten ist, wurde die Verlängerung der Rubin-Bittmann-Promenade 2008 nach Otto Preminger benannt. Schauspieler und Theaterregisseur im Wien der 1930er-Jahre, hat er in Amerika Dutzende Filme realisiert.

Auch Fred Zinnemann, nach dem der Platz, der sich nun linker Hand vor uns erstreckt, benannt ist, stammte aus Österreich-Ungarn, emigrierte in die USA und machte dort als Regisseur Karriere. Sein berühmtestes Werk ist der Westernklassiker „High Noon" („Zwölf Uhr mittags") mit Gary Cooper.

Wenn wir nun unser Rad über den 6 **Fred-Zinnemann-Platz** schieben, sehen wir bei der Fußgängerrampe, die hinunter zur S-Bahn-Station führt, eine digitale Uhr, die um zwölf Uhr mittags statt der Ziffer 12, die Buchstaben „High Noon" anzeigt. Ein kleines Detail, das wohl nur Cineasten zu deuten wissen!

Die Wohnhausanlage mit der markanten Fassadengestaltung nennt sich „Trienna Living", wurde 2017 von Ganahl Ifsits Architekten fertiggestellt und ist als grüner Wohnpark konzipiert. Wir setzen unseren Weg zu Fuß durch die Shopping-Passage fort und erreichen die Landstraßer Hauptstraße, die wir bei der Ampel überqueren und dann den Rennweg ein kleines Stück stadtauswärts fahren.

Dominanter Blickfang ist hier seit 2004 das von Stararchitekt Günther Domenig entworfene **T-Center**, eine liegende Hochhausskulptur, aufgrund ihrer Dimension und dem hoch aufragenden Flügel für alle Autofahrer, die sich Wien auf der Südosttangente nähern, gut sichtbar. Nach Vereinbarung werden Führungen angeboten. Im Erdgeschoß befinden sich gastronomische Betriebe, die Mittagsmenüs anbieten und öffentlich zugänglich sind. Zum Beispiel das **T-Centro** (Rennweg 97–99, www.t-centro.at, Mo–Fr 11–15 Uhr).

Das Büro- und Geschäftszentrum fungiert nicht nur als neue Landmark, sondern auch als Initialprojekt für das neue Stadtentwicklungsgebiet 7 **Neu Marx** – unser nächstes Ziel, das auf dem Radweg durch ein Schild angekündigt wird. Wir fahren durch die Helmut-Qualtinger-Gasse, überwinden den Höhensprung über eine Radrampe und befinden uns in Neu Marx.

Etappe 6: Von Neu Marx nach St. Marx

Seit den 2000er-Jahren ist hier ein völlig neuer Stadtteil mit den Nutzungsschwerpunkten Medien, Kultur, Kreativwirtschaft und neue Technologien entstanden. Was das Viertel interessant macht, ist der spezielle Mix aus Neubauten und revitalisiertem, denkmalgeschütztem Altbestand. 8 **St. Marx,** der ehemaligen Viehmarkt und Schlachthof, ist bis heute gut erkennbar an der Toranlage mit den beiden monumentalen Stierplastiken. Einst wurden Rinderherden aus den Steppen Ungarns hierher zur Schlachtbank geführt, heute verbindet das Thema Blut die Geschichte des Standorts mit der hier neu angesiedelten biotechnologischen Forschung, dem **Vienna BioCenter** (www.viennabiocenter.org). Über mehrere Gebäude verteilt umfasst es mehr als zwanzig Biotech-Unternehmen, vier akademische Forschungseinrichtungen, drei Organisationen aus dem Bereich Forschungskommunikation sowie eine Fachhochschule.

Dieser Mix macht die besondere Strahlkraft dieses Ortes aus. Neben dem Thema Wissenschaft zieht sich auch das Thema Entertainment wie ein roter Faden durch das gesamte Areal.

Die Straße, durch die uns der Radweg nun führt, ist nach dem Kabarettisten und Schauspieler Helmut Qualtinger benannt. Ein Zitat dieses Ur-Wieners mit dem unverwechselbaren Schmäh haben wir dieser Route vorangestellt. Aber auch andere Aussprüche wie „Manchmal weiß ich nicht, ob ich ein Wiener oder ein Mensch bin" sind legendär. Der kleine **Park,** der sich an der rechten Straßenseite ausdehnt, erinnert an den 2001 verstorbenen „ZiB 2"-Moderator **Robert Hochner,** der als kritischer Journalist die Nachrichtensendungen in Österreich nachhaltig geprägt hat.

Die roten Hochbeete im Park sollen – in Anspielung an das BioCenter – an rote Blutkörperchen erinnern, das Wegenetz an ein Aderngeflecht,

Marx-Halle: Event-Location in der ehemaligen Rinderhalle

die Bögen, über die sich die Kletterpflanzen ranken, an Blutgefäße.

Wir fahren den Park entlang und biegen rechts in die Maria-Jacobi-Gasse ein und dann wieder rechts in die Karl-Farkas-Gasse. In den 1960er-Jahren wusste jedes Kind, wer dieser ernst dreinblickende Herr war, die Farkas-Show im ORF brachte die höchsten Einschaltquoten aller Zeiten und war ein Fixpunkt im Unterhaltungsprogramm der Familien.

Gut erkennbar an dem großen Eingangsportal bildet unser nächstes Ziel, die ehemalige Rinderhalle St. Marx heute 9 **Marx-Halle** (Karl-Farkas-Gasse 19, marxhalle.at), den historischen Mittelpunkt des Viertels „Neu Marx". Das in sogenannter Leichtbauweise als Schmiedeeisenkonstruktion errichtete Industriedenkmal aus dem 19. Jahrhundert steht heute unter Denkmalschutz und beeindruckt durch seine gewaltigen Proportionen. Bis 1997 fand hier noch der Viehmarkt statt, heute zieht die Vienna Contemporary (www.viennacontemporary.at), die jährlich stattfindende internationale Kunstmesse, Besucherströme an.

An der gleichen Adresse hat Michael Niavarani, beliebtester Kabarettist der 2020er-Jahre, mit dem **Globe Wien** (Karl-Farkas-Gasse 19, www.globe.wien) einen temporären Theaterraum geschaffen, der sich an das historische „Globe Theatre" in London anlehnt und einen besonders intensiven Austausch zwischen Publikum und Schauspieler ermöglicht.

Eine Tür weiter sozusagen bieten **the nice guys** (Karl-Farkas-Gasse 18, www.the

niceguys.at, Mo–Fr 9.30–23, Sa, So und Fei bei und für Veranstaltungen ab Mittag geöffnet) Stärkung vor oder nach der Veranstaltung.

Um die Zukunft des Standorts braucht man sich keine Sorgen zu machen. Das nächste Leuchtturmprojekt, die „Arena Neu Marx" – Veranstaltungsort für Konzerte, Shows und Sportevents mit Platz für rund 20.000 Menschen – soll bis 2024 fertiggestellt sein und wird, laut Presseaussendung „international Furore machen".

Um unser nächstes Ziel zu erreichen, fahren wir durch die Helmut-Qualtinger-Straße wieder zurück zum Rennweg.

Abstecher: Von St. Marx zum St. Marxer Friedhofspark

Zurück am Rennweg folgen wir ein Stück dem Verlauf der gegenüberliegenden Grasbergergasse und biegen dann links in die Leberstraße ein. Hier fahren wir neben dem Straßenverkehr (kein Radweg) bis zu einem ziegelroten, efeuumrankten Portal, das als Kulturdenkmal gekennzeichnet ist. Hier stellen wir unsere Räder ab.

Dem 10 **Friedhof St. Marx** (Leberstraße 6–8, www.wien.gv.at/umwelt/parks/anlagen/friedhof-st-marx, 1. April bis 30. Sept.: 6.30–20 Uhr; 1. Okt. bis 31. März: 6.30–18.30 Uhr) haftet eine ganz besondere Aura an. Halb verwunschener Garten, halb Landschaftspark bildet er für sich selbst schon ein Kunstwerk. Besonders im Frühjahr lohnt sich ein Ausflug hierher. Nirgendwo sonst in der Stadt blühen auf einem Fleck so viele Fliederbüsche.

Die ganze Anlage mit ihren 6000 Grabsteinen ist denkmalgeschützt. Prominenteste

Eingang zum Friedhofspark St. Marx

„Adresse" ist Mozarts letzte Ruhestätte. Über die Beisetzung des großen Komponisten am 6. oder 7. Dezember 1791 ist wenig bzw. nur Widersprüchliches bekannt. Ein Armenbegräbnis wie in Miloš Formans Film „Amadeus" war es jedenfalls nicht. Allerdings geriet die Grabstelle im Laufe der Jahre in Vergessenheit. Mitte des 19. Jahrhunderts wurde dann eine amtliche Kommission eingesetzt, die Mozarts Grab „mit hoher Wahrscheinlichkeit" im hinteren Teil des Friedhofes ausfindig machte. Daraufhin errichtete man 1859 ein großes Grabmahl, das später auf Mozarts Ehrengrab am Zentralfriedhof transferiert wurde. Auf dem St. Marxer Friedhof schuf ein anonymer Friedhofswärter stattdessen ein kleineres Denkmal und bediente sich dazu einer trauernden Engelsfigur, einer Steinplatte und einer Säule, die er von anderen Gräbern entnahm.

Etappe 7: Von St. Marx zum Zentralfriedhof

Nach Verlassen des Friedhofs fahren wir die Leberstraße zurück, biegen beim Kreisverkehr rechts ab und folgen gleich wieder rechts der Beschilderung „Schwechat und Geiselbergstraße". Die Adresse heißt „Am Kanal" und erinnert an die einst geplante und nicht verwirklichte Wasserstraße nach Thessaloniki.

Wir überqueren die Geiselbergstraße und erreichen den 11 **Herderpark.** Die Strecke ist attraktiv, die Grünflächen neben dem Radweg wirken gepflegt. Es gibt Bänke zum Ausruhen und Blumenbeete, um die Bienen kreisen.

Während des Ersten Weltkriegs bis in die 1920er-Jahre

befanden sich hier Schrebergärten, dann wurde das Areal 1930 zu einem Park umgestaltet. Das hier errichtete Kinderfreibad war 1930 eine große Errungenschaft für die Bevölkerung und ist bis heute im Original erhalten.

Kurz nach 1920 begann die großzügige Randverbauung mit Wohnhausanlagen der Gemeinde Wien. Insgesamt sechs kommunale Wohnbauten entstanden rund um den Park. Ein solcher „Gemeindebau der ersten Stunde" ist der **Dr.-Franz-Klein-Hof** (Herbortgasse 22–24), errichtet 1925 und heute denkmalgeschützt. Eine Gedenktafel erinnert an Franz Mayer und Johann Zabinsky, die während der Februarkämpfe 1934 in unmittelbarer Nähe, in der Grillgasse, ums Leben kamen.

Auch Ludwig Kralik, nach dem das nun folgende Wegstück benannt ist, wohnte da. Er war Hilfsarbeiter und Mitglied des Republikanischen Schutzbundes. Während der Februarkämpfe 1934 wurde er verhaftet, 1937 meldete er sich als Freiwilliger im Spanischen Bürgerkrieg und fiel nur wenige Tage nach seinem ersten Einsatz, 25-jährig.

Die Strecke verläuft weiter „Am Kanal" im Grünen. Wir radeln entlang schöner Alleen mit altem Baumbestand.

Wir queren die Hasenleitengasse und kommen am **Sportplatz Ostbahn XI** vorbei, wo die Karriere von Herbert „Schneckerl" Prohaska (wegen der üppigen Lockenpracht in seiner Jugend) begann. Der einst auch international erfolgreiche Fußballspieler ist heute als ORF-Kommentator sämtlicher Länderspiele, EMs und WMs am Bildschirm präsent.

Nach der Hasenleitengasse folgt die Schemmerlstraße, es geht weiter immer entlang der S-Bahn-Linie, bald kommt der Zentralverschiebebahnhof Wien-Kledering, dann ein Kreisverkehr, schließlich erreichen wir den Weichseltalweg und sehen die Mauer des Zentralfriedhofs. Wir fahren auf dem Radweg Richtung Schwechat weiter und erreichen gleich nach der Kurve das **Tor 11** des Zentralfriedhofs.

Trauernder Engel

Unerwartete Begegnungen am Zentralfriedhof

Etappe 8: Von Tor 11 zu Tor 1 – Durch den Alten jüdischen Friedhof

Der 12 **Wiener Zentralfriedhof** (Simmeringer Hauptstraße 234, www.friedhoefewien.at) hat den Rang eines Wahrzeichens, nicht minder berühmt wie der Stephansdom oder das Riesenrad. Mit 2,4 Quadratkilometern ist er von der Ausdehnung her etwas größer als die Wiener Innenstadt. Nach „Einwohnern" betrachtet übertrifft er Wien sogar: den 1,897 Millionen derzeit in Wien Lebenden stehen mehr als zwei Millionen Wienerinnen und Wiener gegenüber, die am Zentralfriedhof ihre letzte Ruhestätte gefunden haben. 1874 vor den Toren der Stadt eröffnet, ist der „Zentreu" heute ein Naturparadies, das sich perfekt für ausgedehnte Spaziergänge eignet. Seit der „Silent Run Pfad" angelegt wurde, drehen immer mehr Jogger*innen hier ihre Runden. Auch das Radfahren ist erlaubt.

Das üppige Grün bietet auch Lebensraum für viele Tiere. Am häufigsten zu beobachten sind die Eichhörnchen, die von den Wienern „Hansi" genannt werden und sehr zutraulich sind. Anders als die Rehe, Feldhamster, Dachse, Marder und Turmfalken. Um dieser „tierischen Bewohner" ansichtig zu werden, muss man schon mehr Glück haben.

Als Abbild des Vielvölkerstaates besitzt der Zentralfriedhof Abteilungen für alle in der Donaumonarchie einst vertretenen Konfessionen (Katholiken, Protestanten, Orthodoxe, Juden und Muslime). Zwischen Tor 11 und Tor 1 erstreckt sich der 1877 angelegte 13 **Alte jüdische Friedhof**, das nächste Ziel unserer Tour.

Da laut jüdischem Glauben die Grabesruhe nicht gestört werden darf, können Gräber nicht aufgelassen werden, deshalb wurde 1917, als nicht mehr genügend Platz vorhanden war, bei Tor 4 der Neue jüdische Friedhof angelegt.

Der alte Teil, durch den unsere Tour uns jetzt – Richtung Tor 1 – führt, wird von Mitarbeitern der Israelitischen Kultusgemeinde – IKG (www.ikg-wien.at/friedhoefe-massengraeber) gepflegt und bietet mit seinen noch aus der Kaiserzeit stammenden Grabstelen, Mausoleen und Sarkophagen ein beeindruckendes Bild der Kultur des Wiener Judentums.

Im Laufe der letzten zehn Jahre wurden 39 Ehrengräber seitens der Gemeinde Wien mit Hilfe des Bundesdenkmalamtes aufwendig renoviert, darunter auch jenes von Alfred Gerngross, dessen Kaufhaus auf der Mariahilfer Straße unter gleichem Namen immer noch existiert. Oder jenes von Otto Zuckerkandl, Chirurg und Hochschullehrer, Ehemann von Amalia Zuckerkandl, die Klimt in einem seiner berühmten Frauenporträts verewigt hat.

Die Fremdenführerin Hedwig Abraham hat die Geschichte dieses Teils des Friedhofs aufgearbeitet und veranstaltet **Führungen** (www.viennatouristguide.at) zu den Gräbern von Theodor Herzl, Arthur Schnitzler, Friedrich Torberg oder Jacob und Amalia Freud, den Eltern von Sigmund Freud, der ja in London begraben liegt.

Beim 14 **Tor 1** angelangt, machen wir kurz halt. Wenn wir der Eingangspforte den Rücken zukehren, blicken wir auf eine Wiese, wo sich vor 1938 die in der „Reichskristallnacht“ zerstörte und nicht wieder aufgebaute Zeremo-

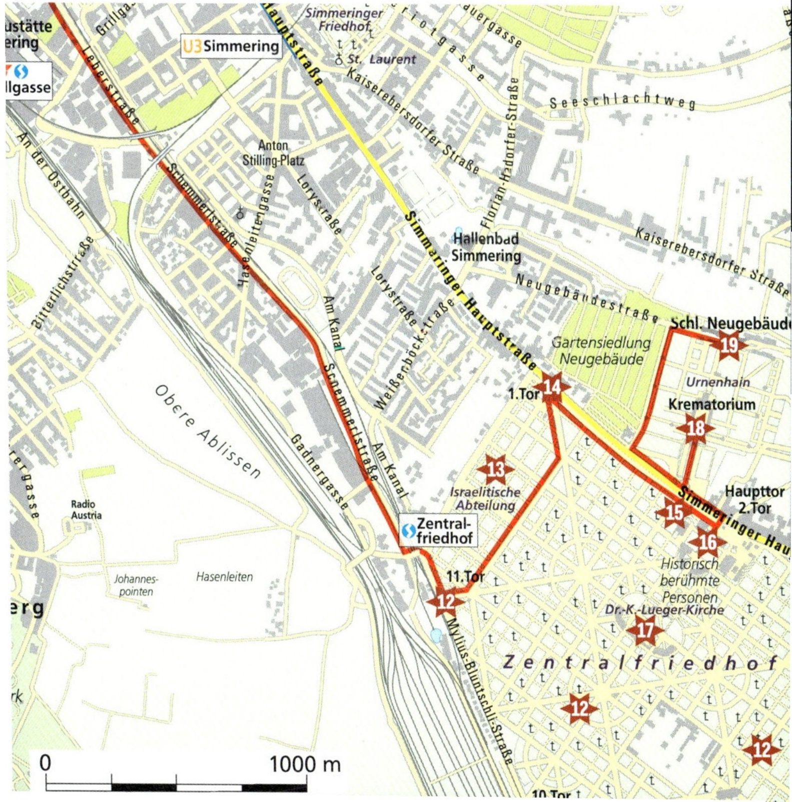

Grabstellen am Alten jüdischen Friedhof

nienhalle befand. Anders als die 1928 im Neuen jüdischen Friedhof erbaute, die 1967 nach dem Originalentwurf wiedererrichtet wurde und durch ihre Dimensionen und orientalisierende Elemente beeindruckt.

Etappe 9: Von Tor 2 zu den Ehrengräbern

Ab Tor 1 fahren wir oder schieben das Rad entlang der Friedhofsmauer parallel zur Simmeringer Hauptstraße stadtauswärts. Das respektable Gebäude, das bald schon rechter Hand auftaucht, ist da 15 **Bestattungsmuseum** (Simmeringer Hauptstraße 234, www.bestattungsmuseum.at). Seit 2014 sind über 250 Exponate aus den Archiven hier untergebracht. U. a. ein originaler Fourgon (Kutsche für den Leichentransport) aus 1900, Uniformen der „Pompfüneberer" bis hin zu Bestattungsbeamten als Playmobilfiguren. Alles mit einem Augenzwinkern.

Besonders spannend: Filmausschnitte aus dem Österreichischen Filmarchiv mit neu entdecktem und restauriertem Material. Zu sehen sind u. a. das Begräbnis von Franz Joseph I. oder der pompöse Trauerkondukt für Baron Albert Rothschild. In einer Audioinstallation kann man die beliebtesten Lieder zum Thema Bestattungen und Friedhöfe nachhören.

Schräg vis-à-vis folgt – unerwartet, aber cool – eine Filiale der **Kurkonditorei Oberlaa** (Simmeringer Hauptstraße 232, Jän., Feb., Nov., Dez.: 8–16.30 Uhr; März, Okt.: 8–17.30 Uhr; April bis Sept.: 8–18.30 Uhr; Mai bis Aug.: 8–19.30 Uhr) mit großer Auswahl an Torten, Patisserien und warmen Mehlspeisen. Im gleichen Gebäude findet sich ein Computerterminal zum Auffinden sämtlicher Grabstellen.

Unmittelbar danach erreichen wir das 1905 von Max Hegele im Jugendstil errichtete 16 **Hauptportal des Zentralfriedhofs (Tor 2)** mit dem **Infopoint,** wo es skurrile Merchandising-Produkte zu kaufen gibt, aber auch Nützliches wie Honig von den hier beheimateten Bienen oder ein Lageplan mit wissenswerten Infos und Angaben zu den Ehrengräbern.

Gleich daneben ein Fahrradständer mit E-Bikes, die über eine App ausgeliehen werden können (www.sycube.at).

Eine Übersichtstafel dokumentiert die ersten beiden Laufstrecken des „Silent Run" und gibt Infos zu den mit Tafeln ausgeschilderten Routen. Die Strecken selbst sind GPS-vermessen.

Wenn wir uns jetzt der linken Seite des Tores zuwenden, sehen wir – ganz wie in der Wiener Innenstadt – eine Reihe Fiaker da stehen. Auch das ist eine Möglichkeit, die wichtigsten Sehenswürdigkeiten bequem zu erkunden. In der Saison tägl. von 10 bis 17 Uhr.

Wer seinem Fahrrad treu bleibt, fährt auf dem zentralen Mittelweg vor zur 17 **Friedhofskirche zum heiligen Borromäus,** einem der bedeutendsten Sakralbauten im Jugendstil, 1910 errichtet.

Links und rechts des Hauptweges (Gruppen 32a und 14a sowie 32 c und 14c) erstrecken sich die **Ehrengräber.** Hier liegen u. a. Ludwig van Beethoven, Christoph Willibald Gluck, Franz Schubert, Hugo Wolf, Johann Strauß Vater und Sohn, Joseph Lanner, Johannes Brahms, Arnold Schönberg, Hans Moser, Robert Stolz, Theo Lingen und Curd Jürgens begraben. Ein Lageplan im Internet, auch als PDF (www.friedhoefewien.at/media) erhältlich, führt die genaue Position an.

★ UNBEDINGT HINFAHREN

Friedhof St. Marx → Seite 103
Park der Ruhe und Kraft am Zentralfriedhof → Seite 106
Feuerhalle Simmering → Seite 111
Concordia Schlössl → Seite 111

Das Grab des Künstlers Franz West

Mystisch anmutende Formensprache: Feuerhalle von Clemens Holzmeister

Der **Ehrenhain** in Gruppe 40 beherbergt Gräber von Persönlichkeiten, die größtenteils nach den 1960er-Jahren verstorben sind. Das mit Abstand meistbesuchte Grab in dieser Gruppe ist das von Popstar Falco, das sich zu einer regelrechten Pilgerstätte entwickelt hat.

Noch mehr Information bieten in den Monaten April, Mai, Juni, Sept. und Okt. die **Führungen** der Friedhöfe Wien GmbH: 3. Nov. bis Ende Feb. 8–17, März sowie 1. Okt. bis 2. Nov. 7–18, April bis Sept. 7–19, Mai bis Aug. jeden Do bis 20 Uhr (Simmeringer Hauptstraße 234, www.friedhoefewien.at).

Als stimmungsvoller Abschluss der Tour sei, so die Zeit es erlaubt, ein kurzes Innehalten im **Park der Ruhe und Kraft** (Gruppe 23), empfohlen. Die riesige Wiesenfläche ist mit einem Steinkreis, einem Wasserlauf und einer Feuerstelle minimalistisch und doch eindrucksvoll gestaltet. (Zu erreichen, indem man vom Tor 2 der Friedhofsmauer stadtauswärts folgt.)

P.S.: Sollte jemand bei einem Besuch die Zeit übersehen und eingeschlossen werden, muss er den Polizei-Notruf 133 oder 112 wählen. Die Beamten besitzen einen Schlüssel zu den Haupttoren.

Etappe 10: Vom Zentralfriedhof zur U3-Station Simmering

Wir verlassen das Areal beim Tor 2, wechseln auf die gegenüberliegende Seite der Simmeringer Hauptstraße und folgen dem Radweg stadteinwärts. Ein Hinweisschild

verweist auf das von Clemens Holzmeister geplante und 1923 eröffnete erste Krematorium in Österreich, die 18 **Feuerhalle Simmering** (Simmeringer Hauptstraße 337, www.friedhoefewien.at).

Der „expressionistische" Bau legte den Grundstein für die mehrere Jahrzehnte und politische Systeme überspannende Karriere Holzmeisters als einen der einflussreichsten Architekten des Landes. Er befindet sich auf dem Areal von 19 **Schloss Neugebäude** (Otmar-Brix-Gasse 1, www.schlossneugebaeude.at), einem der bedeutendsten Renaissancebauten in diesem Teil Europas.

Bei der Weiterfahrt geht es hurtig bergab. Bald schon sehen wir in einem Gastgarten eine überlebensgroße Christusstatue hinter einem Metallzaun aufragen. Dahinter ein über und über mit Efeu bewachsenes, langgestrecktes Gebäude mit Türmchen. 1881 als Büro, oder besser Kontor, eines Steinmetzbetriebes, der sich k. u. k Hoflieferant nennen durfte, errichtet, ist das **Concordia Schlössl** (Simmeringer Hauptstraße 283, www.concordia-schloessl.at, Mo–Do, So 11–23, Fr, Sa 11–24 Uhr) heute ein romantisches Ausflugslokal mit sehenswerter Innenausstattung, hübschem Gastgarten und stadtbekannten Schnitzeln.

Nach einer kurzen Rast geht es weiter die Simmeringer Hauptstraße stadteinwärts bis zur U3-Station Simmering.

Wohnbau von Josef Hoffmann in der Werkbundsiedlung

5 Zu den Villen der Wiener Moderne

AUSGANGSPUNKT UND ENDPUNKT
U4-Station Hietzing/Kennedybrücke

ROUTENLÄNGE ca. 8,2 Kilometer

DIE ROUTE Etappe 1: 1 Hofpavillon, 2 Schloss Schönbrunn, 3 Café Dommayer. Etappe 2: 4 Haus Beer, 5 Bundesrealgymnasium, 6 Haus Scheu. Etappe 3: 7 Haus Reitler, 8 Haus Langer, 9 Haus Steiner, 10 Haus Strasser. Etappe 4: 11 Gymnasium, 12 Klimt-Villa, 13 Hietzinger Hauptstraße 101. Etappe 5: 14 Kirche Zum Guten Hirten, 15 Haus Horner, 16 Roter Berg, 17 Reihenhaussiedlung. Etappe 6: 18 Werkbundsiedlung. Etappe 7: 19 Ober-Sankt-Veiter Friedhof

Die Route führt durch Wiens noblen Westen, den imperial geprägten „Dreizehnten" nahe der kaiserlichen Residenz mit bewaldeten Hügeln, Gärten, Parks, Ruheoasen und interessanten Bauwerken, die, bedingt durch die hohe Anzahl begüterter Auftraggeber, von den besten Architekten der jeweiligen Zeit errichtet wurden, ein einziges Freiluftmuseum – von den Villenbauten im Cottage zu den Musterwohnhäusern in der Werkbundsiedlung.

Etappe 1: Von der Kennedybrücke zur Neuen-Welt-Gasse

Der Lift bringt uns vom Perron der U-Bahn hinauf auf das Niveau der Straße. Oben angelangt stehen wir auf einer Brücke und sehen unter uns das Wiental und den Fluss, an dessen Ufern einst gebadet wurde, der aber heute kaum mehr als solcher zu bezeichnen ist. Als Ende des 19. Jahrhunderts die Stadtbahn, Vorgängerin der U-Bahn, gebaut wurde, hat man ihn begradigt und in ein vertieftes Betonbett verlegt. Die Errichtung dieser städtischen Bahn war 1900 das größte Infrastrukturprojekt von Wien. Sie sollte dazu dienen, rasch und bequem Truppenverbände von einem Bahnhof zum anderen zu verlegen, und ist bis heute Teil des Verkehrsnetzes.

Mit der architektonischen Konzeption der **Stadtbahn** beauftragte das Ministerium den k. u. k. Baurat Otto Wagner, der dem Projekt seine volle gestalterische Kraft widmete. Er entwarf Brücken, Viadukte, Portale und Stationen in einem einheitlichen Stil und verlieh der Anlage eine Corporate Identity. Jedes Detail – vom Fahrkartenschalter über die Heiz- und Beleuchtungskörper, Bodenbeläge, Geländer, Aufzüge, Gitter, Tore und Sitzgelegenheiten bis hin zu den Wasserleitungen – wurde von ihm persönlich designt. Die Infrastruktur blieb größtenteils erhalten, steht heute unter Denkmalschutz und gilt als ein Gesamtkunstwerk des Jugendstils.

Otto Wagner, der am Höhepunkt seiner Karriere stand, aber bis dato noch kein Bauvorhaben für das Kaiserhaus durchgeführt hatte, entwarf, so heißt es, auf eigene Faust

Der Hofpavillon, „U-Bahn-Station" des Kaisers

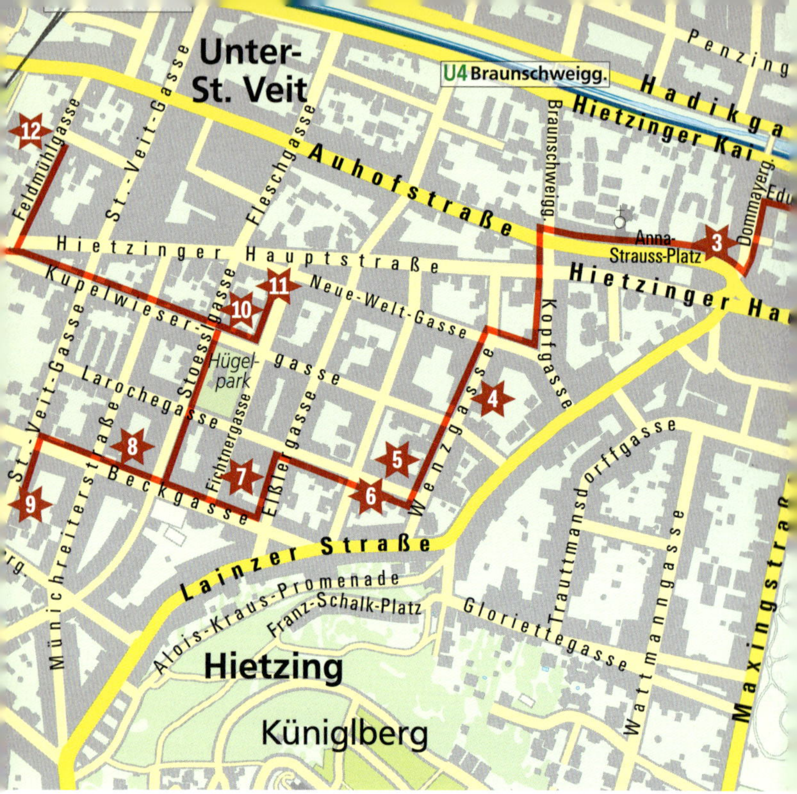

und ohne offiziellen Auftrag eine private Stadtbahnstation für den Kaiser, den sogenannten 1 **Hofpavillon** (Schönbrunner Schloßstraße, www.wienmuseum.at, Sa–So, 10–13 u. 14–18 Uhr), den wir etwa hundert Meter stadteinwärts sehen. Der greise Kaiser Franz Joseph ließ sich hier allerdings nur zwei Mal blicken: bei der Eröffnung von Teilstrecken 1899 und 1902.

Das kuppelgekrönte Bauwerk erinnert an das Barockzeitalter und an das nahe Schloss Schönbrunn und wird über eine breite Rampe betreten. Der achteckige Wartesaal mit Mahagonitäfelungen, Seidentapeten und einem Gemälde, das Wien aus der Vogelperspektive zeigt, kann an Wochenenden besichtigt werden.

Wenn wir uns nun umdrehen und flussaufwärts schauen, haben wir das neue Stationsgebäude Hietzing mit seinem markanten Betonflugdach vor uns. Das alte, von Otto Wagner entworfene wurde im Zuge der Bauarbeiten für die neue Hietzinger Brücke in den Sechzigerjahren abgerissen. Heute kaum vorstellbar! Damals standen die Stadtbahnbauten offenbar noch nicht unter Denkmalschutz.

Zwei mit Kaiserkronen geschmückte Bronzeadler haben

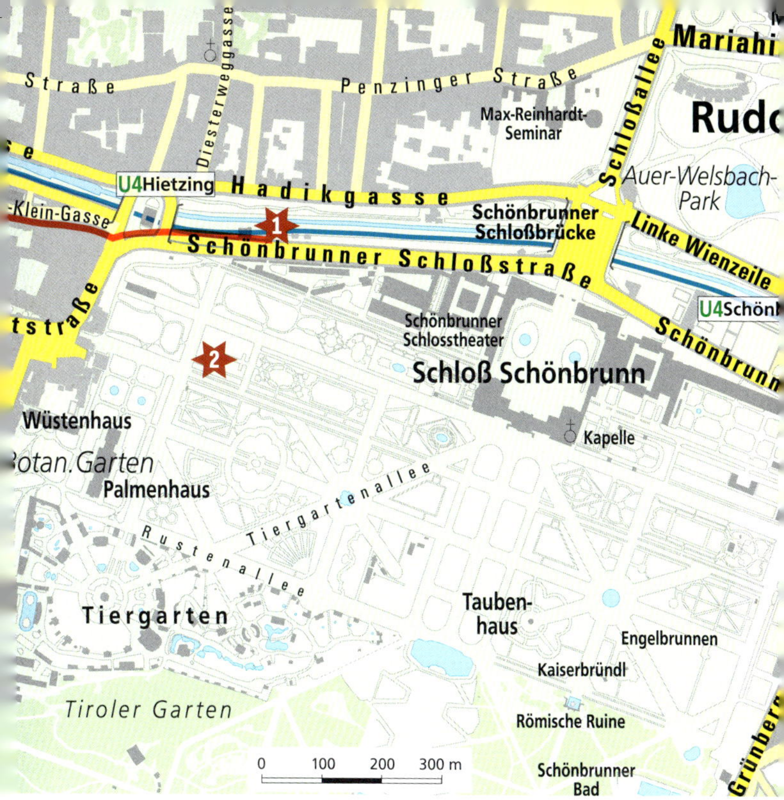

den Abriss überlebt und breiten auf dem Geländer der neuen Brücke ihre Schwingen aus. Dass sie nach dem US-Präsidenten John F. Kennedy benannt wurde, geht darauf zurück, dass Vertreter der beiden Supermächte USA und UdSSR, die sich im Kalten Krieg verbittert gegenüberstanden, 1961 in Wien, auf neutralem Boden, zum ersten Mal zusammengetroffen sind. Der lässige Amerikaner und seine charmante Gattin Jackie eroberten die Herzen der Wiener*innen im Flug. Zweieinhalb Jahre später fiel er in Texas einem Attentat zum Opfer und die neue Brücke erhielt zu seinem Angedenken den Namen „Kennedybrücke".

Hinter der in charakteristischem Schönbrunner Gelb gestrichenen Mauer, die wir linker Hand sehen, liegt 2 **Schloss Schönbrunn** (www.schoenbrunn.at), die Sommerresidenz der Habsburger, Ende des 17. Jahrhunderts von Kaiser Leopold I. beim Barockarchitekten Johann Bernhard Fischer von Erlach in Auftrag gegeben und knapp fünfzig Jahre später im Stil des Rokoko von Maria Theresia umgestaltet.

In roten Lettern werden die Sehenswürdigkeiten – Schloss Schönbrunn, Palmenhaus, Wagenburg, Tiergarten

– angekündigt. Der Eingang in den Park durch das Hietzinger Tor (Am Platz) befindet sich rund hundert Meter entfernt.

Als Maria Theresia das ehemalige Jagdschloss zur Bühne höfischer Selbstdarstellung erkor, erfuhr auch das damals noch ländliche Hietzing eine Aufwertung. Villen und Landhäuser entstanden und die Präsenz des kaiserlichen Hofes bewirkte ab Mitte des 18. Jahrhunderts einen Wandel, der das Ortsbild und die soziale Struktur grundlegend veränderte.

Wir folgen dem Radweg, der uns links am Stationsgebäude vorbeiführt, überqueren die Brücke und fahren rechts durch die Eduard-Klein-Gasse und vorbei am späthistoristischen **Amtshaus Hietzing** mit seinem mächtigen Turm.

Links biegen wir in die Dommayergasse ein, benannt nach dem berühmten Etablissement, das heute als traditionelles Kaffeehaus fortbesteht.

★ **UNBEDINGT HINFAHREN**

Hofpavillon → Seite 114
Haus Beer → Seite 118
Haus Scheu → Seite 120
Hügelpark → Seite 123
Kirche zum Guten Hirten → Seite 126

Die Wiener Gesellschaft des Spätbiedermeier war, wie wir wissen, ganz schön vergnügungssüchtig und so wandelte sich das Dommayer von einer bescheidenen Jausenstation zu einer prachtvollen Vergnügungsstätte, genannt **„Dommayers Casino“**, wobei „Casino“ damals alles bezeichnete, was Musik, Tanz, Spiel und Unterhaltung bot. Zunächst war es der Zeiserlwagen, dann ab 1869 die Pferdetramway, die das „Partyvolk“ von der Stadt direkt zum Dommayer brachte. Der Gastgarten mit seinem Musikpavillon gibt eine Idee davon, wie damals die Ausflugslokale ausgesehen haben.

Vor dem Eingang erinnert eine Büste an Johann Strauß Sohn, der hier mit 19 Jahren sein Debüt gab.

Dieses Konzert wurde ein Riesenerfolg und „Schani“, wie in Wien jemand, der Johann hieß, gerufen wurde, stieg bald schon zum „k. u. k. Hofball-Musikdirektor“ auf. Er bezog ein Haus in der nahen Maxingstraße und komponierte einen Walzer nach dem anderen.

Das Dommayer wurde nicht erst mit ihm berühmt, schon Johann Strauß Vater hatte mehrere seiner wichtigsten Werke hier zur Uraufführung gebracht, ebenso Joseph Lanner, dessen Walzer „Die Schönbrunner“ im Dommayer das erste Mal erklang und so viel Begeisterung auslöste, dass er ganze 22 Mal hintereinander wiederholt werden musste.

Dem legendären Konzertcafé ist in dem Wiener Lied

Plachutta: Traditionsgasthaus, 1902 erbaut

„Droben vom Penzinger Kircherl" eine Textzeile gewidmet:
„Im Ohr noch die rauschenden Walzer,
die Walzer von Lanner und Strauß,
im Herzerl ein bisserl Verliebtheit,
so kommt sie vom Dommayer z'Haus."

Heute gehört das 3 **Cafe Dommayer** (Auhofstraße 2/ Ecke Dommayergasse, www.dommayer.at, tägl. 7.30–20.30 Uhr) immer noch zu den führenden Kaffeehäusern der Stadt mit den obligatorischen Kristalllustern, samtbezogenen Sitzbänken, Marmortischchen und reichlich Lektüre in Form von Zeitungen und Magazinen. Mittlerweile wird es von der Kurkonditorei Oberlaa betrieben, was für die Qualität der Torten und Patisserien bürgt.

Da Hietzing lange Zeit Ziel von sonntäglichen Ausflügen war, haben Gasthäuser hier seit jeher eine überproportional wichtige Rolle gespielt. Viele mussten schließen, doch das Restaurant **Plachutta Hietzing** (Auhofstraße 1, www.plachutta-hietzing.at, Mo–Fr 11.30–15 und 18–23, Sa, So, Fei 11.30–23.30 Uhr), Tafelspitz-Hochburg vis-à-vis vom Dommayer, besteht bis heute. Früher hieß es Ottakringer Bräu, erbaut 1902 von Moritz von Kuffner, dem Inhaber der Brauerei in Wien-Ottakring.

Ein weiteres Vergnügungsetablissement war die **„Neue Welt"**, zwischen 1861 und 1882 der populärste Ballsaal der Stadt, der tausende Besucher anzog und nach dem heute noch eine Gasse in Hietzing benannt ist.

Nach dem Niedergang des Unternehmens 1882 parzellierte man den Grund und legte Straßen an. Ein neues Villenviertel wuchs aus dem Boden, das „Hietzinger Cottage", durch das unsere Tour jetzt weiterführt.

Der Name bezieht sich eigentlich auf das Cottageviertel im 18. und 19. Bezirk, das auf Initiative des Ringstraßenarchitekten Heinrich Ferstel als Antwort auf die Errichtung teurer Zinspaläste errichtet wurde. Vorbild war England. Als charakteristische Merkmale galten, dass die Bauten höchstens zweistöckig waren, zu den Nachbarvillen einen Mindestabstand einhielten und ein regelmäßiges Viereck mit Hausgärten in der Mitte bildeten.

Im Hietzinger Cottage haben bedeutende Architekten aus mehreren Jahrhunderten sich verewigt und werden in einem Atemzug mit berühmten Bezirksbewohner*innen aus Kunst, Wissenschaft und Wirtschaft genannt. Von Adolf Loos, dem radikalsten Vertreter der frühen Moderne in Österreich, stammen gleich fünf Einfamilienhäuser im Viertel.

Wir fahren die Aufhofstraße vor, biegen links in die Braunschweiggasse ab, überqueren die Hietzinger Hauptstraße und fahren weiter durch die Kopfstraße bis zur Neuen-Welt-Gasse.

Auf Nr. 7/Ecke Eitelbergergasse 22 erinnert eine **Stele** mit dem Titel **„Standpunkt"** an den 1931 erbauten jüdischen Tempel. Sie wurde vom Künstler Hans Kupelwieser geschaffen und zeigt die Umrisse der 1938 zerstörten Synagoge, die eines der bedeutendsten expressionistischen Bauwerke der damaligen Zeit war. Der kubische Bau mit Flachdach war mit einem stilisierten Zinnenkranz versehen und erinnerte an die Festungssynagogen des 17. Jahrhunderts in Podolien und Wolhynien, der heutigen Ukraine.

Einer der für den Bau des Tempels gespendet hatte, war der Fabrikant Julius Beer, dessen – heute unter Denkmalschutz stehende – Villa unser nächstes Ziel darstellt.

Wir fahren die Neue-Welt-Gasse zurück und biegen rechts in die Wenzgasse ein.

Etappe 2: Vom Haus Beer zum Haus Scheu

Auf Nr. 12 stehen wir vor dem 1931 erbauten und seit 1987 denkmalgeschützten 4 **Haus Beer**, einem der Wahrzeichen der Moderne, wahrscheinlich das wichtigste Beispiel für die Wiener Lebenskultur der Zwischenkriegszeit – von internationalen Experten oft in einem Zug genannt mit Le Corbusiers „weißen Villen" oder dem Haus Tugendhat von Ludwig Mies van der Rohe.

Der Architekt, Josef Frank, war Sohn eines jüdischen Textilfabrikanten, hatte an der TU Wien promoviert, unterrichtete an der Kunstgewerbeschule und nahm mit seinem 1925 er-

Wird restauriert und der Öffentlichkeit zugänglich gemacht: die Villa Beer

öffneten Concept-Store „Haus und Garten" Dinge vorweg, die später von dem bekannten schwedischen Möbelhaus umgesetzt wurden. Als Mitinitiator der Wiener Werkbundsiedlung (s. S. 129) trat er für eine moderne Wohnkultur ein.

Nach seiner Emigration arbeitete er hauptsächlich als Designer und wurde mit seinen fantasievollen Blumenstoffen weltberühmt. In seiner neuen Heimat Schweden kennt ihn jedes Kind. In Stockholm ist ein zentraler Platz nach ihm benannt. Die Villa Beer in Wien mag von der Straße aus schmucklos wirken, wer jedoch jemals Gelegenheit hatte, das Grundstück zu betreten, sieht, wie das Haus mit einer Vielzahl an Balkonen und Terrassen sich zum Garten hin öffnet und Innen- und Außenbereich miteinander verschmelzen.

Verteilt auf drei Stockwerke standen dem Ehepaar Beer – er Gummisohlenfabrikant, sie Musikerin – 650 Quadratmeter Wohnfläche mit unterschiedlichen Raumhöhen zur Verfügung. In der fünf Meter hohen Halle mit großem Fenster zum Garten fanden oft Konzerte statt.

Die Beers konnten sich jedoch nur kurze Zeit an ihrem neuen Haus erfreuen. Julius Beer hatte beruflich einige Rückschläge hinzunehmen gehabt und so mussten vorübergehend Untermieter aufgenommen werden. Darunter der gefeierte Opernstar Richard Tauber, der sein unvergleichliches „Dein ist mein ganzes Herz" im Musikzimmer wohl nicht nur einmal hat erklingen lassen. Auch der berühmte Tenor Jan Kiepura residierte vorübergehend mit seiner Gattin bei den Beers, als er 1936 in den nahegelegenen Rosenhügel-Filmstudios den Streifen „Zauber der Bohème" drehte. Launiges dazu berichtet Marcel Prawy, der als sein Privatsekretär im Haus ebenfalls ein und aus ging („Marcel Prawy erzählt aus seinem Leben", Kremayr & Scheriau, Wien 1996).

In Zukunft soll dieses Monument der Moderne in Einklang mit dem Bundesdenkmalamt restauriert und der Öffentlichkeit zugänglich gemacht werden. Laut dem neuen Eigentümer wird ein Museum entstehen, das den Besucher*innen das sehr spezielle „Frank'sche Wohngefühl" vermittelt.

Um die Tour fortzusetzen, fahren wir die Wenzgasse weiter (gegen die Einbahn) und sehen Ecke Larochegasse eine im Secessionsstil gestaltete Fassade, die zum 1904 gegründeten Mädchenlyzeum – heute 5 **Bundesrealgymnasium** (Wenzgasse 7) – gehört. Ein Gymnasium zu besuchen war für Mädchen der 1920er- und 1930er-Jahre keine Selbstverständlichkeit. Für viele der Familien im Cottage jedoch schon, was ein Oral-History-Projekt der Volkshochschule Hietzing belegt, bei dem mehr als achtzig ehemalige Hietzingerinnen zu Wort kommen und ihre Erinnerungen an Wien, ihre Schulzeit, den Antisemitismus und ihre Emigration erzählen. Nach dem „Anschluss" an das Deutsche Reich 1938 mussten binnen sechs Monaten 120 Schülerinnen das Gymnasium verlassen. Viele von ihnen konnten noch fliehen. Doch nicht alle. An sie erinnert eine 2013 errichtete Infotafel mit ihren Namen (www.judeninhietzing.at).

Vis-à-vis vom Haupteingang der Schule steht in der Larochegasse 3 das 1913 von Adolf Loos erbaute 6 **Haus Scheu** – mit diesem Entwurf etablierte der Wiener Architekt den Typus des Terrassenhauses, eine innovative Wohnform, die den Versuch wagt, mitten in der Stadt so zu leben wie auf dem Land. Stichwort „Balkonien". Keine pittoresken Türmchen oder Erker – Loos' Sprache ist die der glatten Oberflächen und kubistischen Formen. Annehmlichkeit war ein Wort, das er gerne gebrauchte, und seine für damals ungewöhnliche Lösung begründete er damit, dass er es sich als „annehmlich" vorstelle, von den Schlafräumen im ersten Stock eine große gemeinschaftliche Terrasse betreten zu können.

Gustav Scheu, der Auftraggeber, war ein in der Politik engagierter Anwalt, der für die Sozialdemokraten im Gemeinderat saß, wo er das Mieterschutzgesetz mitinitiierte. Er hatte sich mit der Gartenstadtbewegung auseinandergesetzt und gab mit seinem neu gebauten Haus, in dem nicht nur Adolf Loos, sondern auch Alban Berg und

Provokant nüchtern – das Haus Scheu aus 1912

Oskar Kokoschka verkehrten, ein Bekenntnis ab.

Seine Frau, die Lyrikerin, Erzählerin, Übersetzerin und Verlegerin Helene Scheu-Riesz, gründete 1910 ihr eigenes Unternehmen und veröffentlichte Kinderbücher der Weltliteratur zu günstigen Preisen.

Jahre später, am 4. September 1928, übernahm Scheu als Rechtsanwalt die Verteidigung von Adolf Loos, der damals wegen Verführung Minderjähriger vor Gericht stand und verurteilt wurde.

Wir fahren die Larochegasse weiter stadtauswärts und biegen links in die Elßlergasse ein, benannt nach Fanny Elßler (1810–1884), der weltberühmten Ballerina des Biedermeier, die zu den meistbewunderten legendären Tänzerinnen ihrer Zeit zählte und in New York genauso gefeiert wurde wie in Paris und Havanna.

Etappe 3: Vom Haus Reitler zum Haus Strasser

Das Haus auf Nr. 9 ist eng mit André Heller verbunden, dem Tausendsassa des Wiener Kulturbetriebs, der mit „Circus Roncalli", „Begnadete Körper" oder „Afrika! Afrika!" für eine ganz neue Dimension der Unterhaltung sorgte. In seiner 2012 bei Bertelsmann erschienenen Biografie „Feuerkopf" zeichnet Christian Seiler das außerordentlich bunte Leben des Hietzinger Enfant terrible nach.

„Das Haus Heller", ist da zu lesen, „war ein feines Haus. Man sprach hochdeutsch und französisch. Die Verrichtungen des Alltags wurden vom Personal erledigt, man beschäftigte eine Köchin, eine Kinderfrau, einen Gärtner und einen Chauffeur."

Lotte Scholdan, André Hellers Großmutter, hatte in

Rosendekor an der Fassade von Haus Langer

dritter Ehe 1920 den Bankdirektor Fritz Reitler – nach ihm ist in Architekturführern das 7 **Haus Reitler** benannt – geheiratet und zu diesem Anlass die Villa in der Elßlergasse von ihren Eltern geschenkt bekommen. Durch Alma Mahler hatte sie Adolf Loos kennengelernt und ihn 1922 mit dem Umbau beauftragt.

Unser nächstes Ziel, das 8 **Haus Langer,** ist ein Mehrfamilienhaus, zu erreichen, indem wir die Elßlergasse in gleicher Richtung weiterfahren und rechts in die Beckgasse einbiegen. Auf Nr. 30 zeichnet sich halb versteckt hinter Bäumen eine auffällig dekorierte Fassade ab: In den Putz sind Rosen und Wellen nachahmende Keramikornamente eingesetzt. „Eine Fassade ohne Dekor ist wie ein Mensch, der niemals lacht", soll Jože Plečnik, der hier mit 29 Jahren sein Erstlingswerk verwirklicht hat, gesagt haben. Später folgten Großprojekte in Prag und seiner Heimatstadt Ljubljana. Glücklich sei er mit diesem Auftrag nicht gewesen, heißt es, da der Besitzer, von Beruf Baumeister, die Pläne selbst gezeichnet hatte.

An der Kante zu den Fenstern im zweiten Stock ist die Skulptur einer Gans zu sehen. Welche Bewandtnis es damit hat, ist nicht geklärt.

Gleich links um die Ecke, zu Fuß erreichbar, steht in der Sankt-Veit-Gasse 10 unser nächstes Ziel, das 9 **Haus Steiner,** Domizil von Lilly und Hugo Steiner. Lilly Steiner war eine hochangesehene Malerin und Grafikerin. Sie hatte eine Ausbildung an der Frauenkunstschule absolviert und kurz darauf den Industriellen Hugo Steiner geheiratet. 1910 beauftragte das Paar Adolf Loos mit dem Bau ihres Hauses, das bald zu einem künstlerischen und gesellschaftlichen Zentrum wurde.

Auch mit diesem Bau, der in seinem Schaffen eine besondere Bedeutung einnimmt, erregte Loos Aufsehen. Zur Straße hin ist unter dem gewölbten Mansardendach nur ein Stockwerk zu erkennen, gartenseitig sind es jedoch drei, die unterschiedlich hohe Räume in sich bergen. Hugo Steiner war zu dieser Zeit ein wohlhabender Kleiderfabrikant und dementsprechend umfangreich fiel das Raumprogramm des Hauses aus.

Um die Tour fortzusetzen, fahren wir zurück zur Beckgasse und weiter stadteinwärts bis zur Stoesslgasse, in die wir links einbiegen.

Die Gasse erinnert seit 1955 an Otto Stoessl, der ein beachtliches, kaum bekanntes Prosawerk hinterließ, an der „Fackel“ von Karl Kraus mitgearbeitet hatte und ab 1919 Theaterkritiker bei der *Wiener Zeitung* war. In dem von Adolf Loos erbauten **Haus Stoessl** (Matrasgasse 20) – es liegt abseits unserer Route und wir verzichten auf einen Abstecher dorthin – versammelte sich jeden ersten Sonntag im Monat ein Künstlercercle bestehend aus dem Maler Oskar Laske und den Komponisten Ernst Krenek und Alban Berg. Am 14. Oktober 1981 wurde an der Fassade eine Gedenktafel enthüllt. Stoessls Grab am Ober-Sankt-Veiter Friedhof (s. S. 131) wird ehrenhalber von der Stadt Wien gepflegt.

Wir fahren weiter durch die Stoesslgasse bis zum idyllischen **Hügelpark** mit Spielplatz und Kindergarten in seiner Mitte, benannt nach dem Naturforscher Carl von Hügel (1796–1870), der auf seinen ausgedehnten Reisen von 1830 bis 1836 den Himalaya, Kashmir und Australien erkundete. Seine ethnografische Sammlung bildet heute einen wichtigen Bestandteil des Weltmuseums Wien. Nach seiner Rückkehr kaufte er sich in Hietzing ein großes Grundstück und ließ darauf eine Villa bauen, die 1912 allerdings abgetragen wurde. Der Park war Teil seines Anwesens, eine 1901 errichtete Büste erinnert an ihn. Ein Zeitgenosse Hügels war der Maler Leopold Kupelwieser, nach ihm ist die

Haus Strasser, 1992 restauriert

Gasse benannt, durch die unsere Tour jetzt weiterführt.

Das **10 Haus Strasser** (Kupelwiesergasse 28) ist als früheste konsequente Anwendung des „Raumplanes", durch den Adolf Loos die Entwicklung der Architektur maßgeblich prägte, bekannt. Das Prinzip besteht darin, dass sich größere und höhere Zimmerbereiche mit kleineren, niedrigeren abwechseln und sich so ein Raumkontinuum mit unterschiedlichen Möglichkeiten zur Nutzung – sei es gemeinschaftlich oder als Rückzugsort – ergibt.

★ UNBEDINGT HINFAHREN

Kirche Zum Guten Hirten → Seite 126
Stadtpanorama vom Roten Berg aus → Seite 128
Werkbundsiedlung → Seite 129
Schiele-Grab am Ober-Sankt-Veiter Friedhof → Seite 131

Etappe 4: Vom Gymnasium Fichtnergasse zur Klimt-Villa

Wir fahren die Kupelwiesergasse stadteinwärts und biegen links in die Fichtnergasse ein, wo sich auf Nr. 15 ein **11 Gymnasium** befindet, das ähnlich wie das in der Wenzgasse seit Ende des 19. Jahrhunderts besteht und Generationen von Bildungsbürger*innen herangebildet hat.

Anders als in der Wenzgasse, dessen Schule bis 1976 ein reines Mädchengymnasium war und spöttisch „Nockerlaquarium" genannt wurde, war die Fichtnergasse von Anfang an eine gemischte Schule. Zu den prominenten Maturanten zählen u.a. der ehemalige Bundespräsidenten Heinz Fischer und der Quantenphysiker Anton Zeilinger. Im Rahmen der Aktion „Juden in Hietzing" wurde auch hier eine Tafel aufgestellt, die an ehemalige Schüler*innen und einen Lehrer erinnert, die im Holocaust umgekommen sind.

Wir radeln zurück bis zur Kupelwiesergasse und folgen dieser stadtauswärts bis zur Hietzinger Hauptstraße, überqueren diese und fahren die Feldmühlgasse weiter, wo sich auf Nr. 11 die **12 Klimt-Villa** (www.klimtvilla.at, Do–So 10–18 Uhr) befindet.

In dem weitläufigen Park stand einst ein kleines ebenerdiges Gartenhaus. Hier entstanden ab 1911 bis zu Gustav Klimts Tod 1918 einige der wichtigsten Werke des Künstlers. Anlässlich des Klimt-Jahres 2012 entschied man sich endlich, in der Villa, zu der das Gartenhaus gehörte, ein Museum einzurichten. Zu den Highlights zählt das detailgetreu im Stil der damaligen Zeit eingerichtete Empfangszimmer mit japanischen Farbholzschnitten an der Wand. Gut dokumentiert ist auch die Entstehungsgeschichte und das Schicksal der berühmten Frauenporträts, die heute in der ganzen Welt verstreut sind.

Die Klimt-Villa, seit 2012 ein Museum

Zurück in der Hietzinger Hauptstraße überqueren wir beim Schranken die Gleise der Verbindungsbahn und machen beim Würstel-Büffet **Zum Seidl** (Hietzinger Hauptstraße 90, www.zumseidl.at, Mo–Fr 8–22, Sa 9.30–22 Uhr) halt, wo kein Dresscode herrscht und auch Radler*innen gern gesehen sind. Neben Würstl und Gulasch werden täglich Mittagsmenüs angeboten, dazu gibt's Bier vom Fass.

Ein Stück weiter stadtauswärts, in der 13 **Hietzinger Hauptstraße 101,** hatte Egon Schiele von 1912 bis 1918 ein Atelier gehabt, das er bis 1915 mit seiner Geliebten Wally Neuzil bewohnte. Ihr Porträt – zu sehen im Wiener Leopold Museum – zählt zu den bekanntesten Werken Schieles.

Die langjährige Beziehung wurde beendet, als Schiele 1915 Edith Harms heiratete, mit der er im Haus gegenüber, auf Nr. 114, dann eine Wohnung teilte. Nach dem Tod seines Mentors Gustav Klimt war der junge Künstler zu einem Star der Wiener Kulturszene aufgestiegen. Er befand sich am Höhepunkt seiner Karriere, als in Wien die Spanische Grippe ausbrach. Seine Frau Edith, die ein Kind erwartete, starb am 28. Oktober 1918 an den Folgen der Krankheit, er selbst folgte ihr nur drei Tage später im Alter von 28 Jahren. Beide liegen am Ober-Sankt-Veiter Friedhof begraben (s. S. 131)

Leider sind weder das Atelier noch die ehemalige Wohnung zu besichtigen und so fahren wir die Hietzinger Hauptstraße zurück und biegen rechts in die Bossigasse ein.

Etappe 5: Von der Bossigasse zum Roten Berg

Wir folgen dem Radweg, der hier leicht bergauf geht, was leider auch für den weiteren Teil der Strecke gilt. Doch der Einsatz lohnt sich.

Die hier 1965 errichtete 14 **Kirche Zum Guten Hirten** (Bossigasse 68, www.pfarre-zumgutenhirten.at, tägl. 7–18 Uhr) ist ein seltenes Beispiel für den sogenannten „Brutalismus", hergeleitet von *béton brut*, also sichtbar belassenem Beton. So authentisch unverblümt das Erscheinungsbild, so sensibel die künstlerische Ausgestaltung: An der Fassade zeigt die von dem slowakischen Bildhauer Otokar Čičátka geschaffene Skulptur „Christus als Guter Hirte". Über dem Haupteingang stellt die vier Meter hohe und 1,5 Tonnen schwere Bronzeplastik des italienischen Künstlers Gianluigi Giudici Christus mit zwei Fischern dar. Im Inneren leuchten wunderschöne Glasfenster.

Der aus Maribor im heutigen Slowenien gebürtige Architekt Ceno Kosak studierte in Wien und arbeitete als Gegner der Nationalsozialisten bis 1945 vor allem im Ausland. Danach war er unter anderem am Wiederaufbau der Staatsoper beteiligt, wo nach

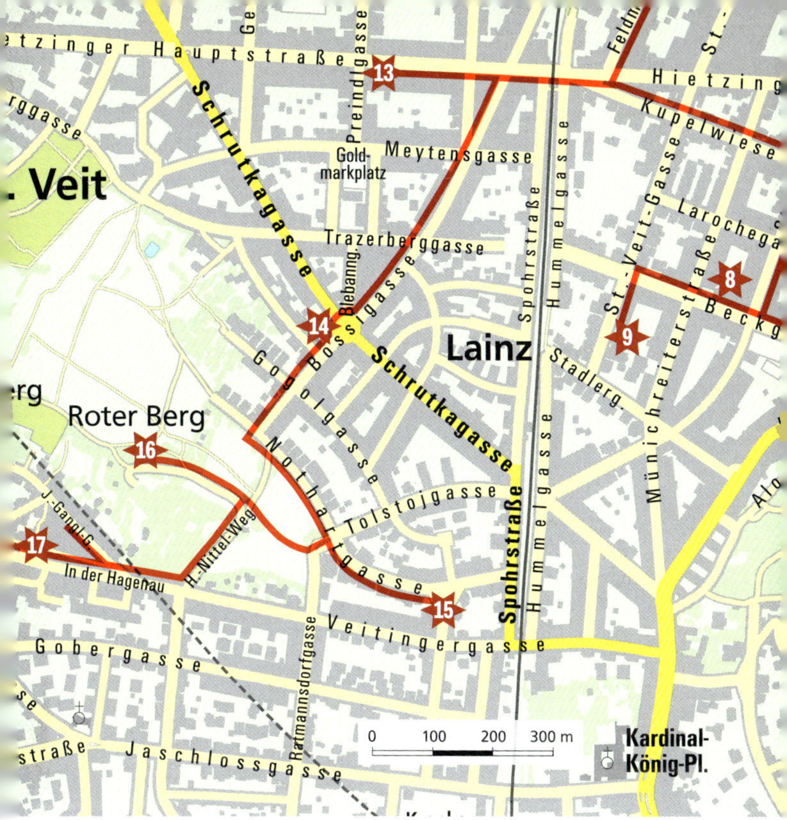

seinen Entwürfen ein neuer Pausenraum, der Gobelinsaal, entstand. In den Sechzigerjahren wurde er ordentlicher Professor an der Akademie und in diese Zeit fiel der Bau der Kirche, den er mit seiner Frau, ebenfalls Architektin, 1963–1965 realisierte.

Um die Tour fortzusetzen, folgen wir der Bossigasse auf dem Radweg Richtung Roter Berg. Die Straße endet an der als Erholungsgebiet ausgewiesenen Grünfläche.

Abstecher: Haus Horner

Für Architekturbegeisterte drängt sich jetzt ein Abstecher zum 15 **Haus Horner** in der Nothartgasse 7 geradezu auf (zu erreichen, indem wir die Bossigasse vorfahren und an ihrem Ende links abbiegen). Auf einer kleinen, abschüssigen Parzelle hat Adolf Loos das Kunststück fertiggebracht, fast 200 Quadratmeter Wohnfläche unterzubringen. Laut Bauordnung war straßenseitig nur ein eingeschoßiger Bau möglich, durch Verwendung der originellen Dachform gelang es dem Architekten, gartenseitig drei Stockwerke zu errichten.

Das 1912 fertiggestellte Haus war komfortabel eingerichtet, mit weiß lackierten, von Loos entworfenen Einbaukästen und Zentralhei-

Der Rote Berg, ein Logenplatz im Grünen

zung. Im Souterrain befand sich ein mit Glas gedecktes Gewächshaus.

1916 ließ die spätere Besitzerin Emilie Lahar für ihren Mann, Oberstleutnant Anton Lahar, anstatt der Hausbesorgerwohnung einen Stall für drei Pferde und eine Sattelkammer einbauen; anstelle der Waschküche wurde eine Futterkammer eingerichtet.

Wie lange sich die Bauherrin an ihrem Haus erfreuen konnte, ist nicht gesichert. In Lehmanns Adressverzeichnis von Wien scheint 1912 bis 1920 keine Helene Horner an dieser Adresse auf. Aber auch das in der Literatur ab 1916 vorkommende Eigentümerehepaar Lahar wird im „Lehmann" nicht angeführt. Gesichert ist die Todesmeldung zu Helene Horner am 25. Jänner 1944 im KZ Theresienstadt.

Wir fahren die Nothartgasse zurück und erreichen den 16 **Roten Berg.** Mit seinen 262 Metern Höhe ist dieser Grünraum aus dem Alltagsleben im Dreizehnten nicht wegzudenken. Im Sommer wird hier gepicknickt und sonnengebadet, im Herbst bevölkern bunte Drachen den Himmel über der Wiese und im Winter wird gerodelt. Wir steigen ab und nehmen uns Zeit für einen Zwischenstopp mit Blick auf Wien. Ganz in der Nähe vom Spielplatz gibt es Toilettenanlagen und einen Trinkbrunnen.

Wir verlassen den Park auf dem Heinz-Nittel-Weg. Wer sich an den 1. Mai 1981 noch erinnert, wird wissen, wer Heinz Nittel war und was damals geschah. Vor seinem Haus in der Bossigasse wurde der SPÖ-Politiker, als er in sein Auto stieg, Opfer eines Attentats, das das ganze Land erschütterte.

Warum ausgerechnet der Verkehrsstadtrat von Wien

zur Zielscheibe der Attentäter wurde, darauf konnte sich zunächst niemand einen Reim machen. Dann traf das Bekennerschreiben der palästinensischen Terrorgruppe Abu Nidal ein. Der Täter wurde ein paar Monate später geschnappt. Dass seine Wahl auf Nittel fiel, wird damit erklärt, dass er Mitbegründer des Jewish Welcome Service Vienna und Präsident der Österreichisch-Israelischen Gesellschaft war.

Vom Heinz-Nittel-Weg gelangen wir in die Veitingergasse, schieben das Rad ein kurzes Stück bergauf und sehen in der Josef-Gangl-Gasse 64c ein Novum, das es bisher nur in Amerika gegeben hat: die zur Gänze aus Fertigteilen errichtete 17 **Reihenhaussiedlung**, entworfen von Roland Rainer und Carl Auböck, 1954 binnen ein paar Wochen aufgestellt.

Etappe 6: Durch die Werkbundsiedlung

Zurück in der Veitingergasse geht es weiter bergauf, bis auf der linken Seite die ersten Bauten der 18 **Werkbundsiedlung** auftauchen.

Gedacht als Gegenmodell zu den monumentalen Wohnhausanlagen des Roten Wien sind hier mitten in der Weltwirtschaftskrise von 1930 bis 1932 Paradebeispiele für neues Wohnen entstanden: siebzig Einfamilienhäuser mit eigenem Garten, die den Spagat vollbrachten, kostengünstig, funktionell und obendrein – vom architektonischen Standpunkt aus betrachtet – ein Kunstwerk zu sein. Das Besondere daran: Es handelt sich nicht um ein Museum, sondern um eine bewohnte Einfamilienhaussiedlung, die in den letzten Jahren generalsaniert wurde.

Wir stellen unser Rad ab und drehen zu Fuß eine Runde. Am Start – Veitingergasse 79, 81, 83 und 85 – fallen zunächst die Häuser von Josef Hoffmann auf, dem Mitbegründer der Wiener Werkstätte, erkennbar an den verglasten Stiegenhaustürmen, die leicht zurückversetzt liegen und über das Dach hinausreichen.

Sehr markant sticht weiter oben in der Veitingergasse 87, 89, 91 und 93 die in Weiß gehaltene Häuserzeile mit dem leuchtend roten Schriftzug „Wiener Werkbundsiedlung 1932“ hervor. André Lurçat, der Architekt, gehörte zu den bekanntesten Vertretern des Funktionalismus in Frankreich. Für die Ausstattung seiner Häuser hatte er die Verwendung variabler Möbel wie etwa Klappbetten und Klapptische vorgeschlagen. Auch plädierte er für eine Tages- und eine Nachtmöblierung: Um mehr Wohnraum zu schaffen, sollten die Betten tagsüber hochgeklappt werden und in der Einbauwand verschwinden.

Die unprätentiös und schlicht wirkenden Bauten in

Die Werkbundsiedlung dokumentiert die Zweite Wiener Moderne

der Veitingergasse 99 und 101 stammen von Oskar Wlach, der mit Josef Frank zu den Protagonisten der Zweiten Wiener Moderne gehört und mit ihm zusammen in Wien das Einrichtungshaus „Haus & Garten“ führte.

Auf 115 und 117 hat Oswald Haerdtl mit seinem ersten realisierten Bauvorhaben zugleich auch eines seiner Hauptwerke geschaffen. Später sollte das Historische Museum der Stadt Wien am Karlsplatz folgen sowie die Innenausstattung des Café Prückel und des Tanzcafé Volksgarten.

Wir biegen rechts in die Jagdschloßgasse ein und dann gleich links in die Woinovichgasse, wo auf Nr. 2 und Nr. 4 Margarete Schütte-Lihotzky, die erste Frau, die in Österreich ein Architekturstudium absolviert hatte, mit den kleinsten Häusern der Siedlung ihren Sinn für Ökonomie und Rationalismus unter Beweis stellte. Unter anderem setzte sie hier ihre lange vorher schon formulierte Forderung um, Wohnraum und Küche zu verbinden, was heute gang und gäbe ist.

Was auf Nr. 13, 15, 17 und 19 folgt, ist der Entwurf von Adolf Loos und dessen engstem Mitarbeiter Heinrich Kulka, wobei sich der Anteil von Loos laut Aussage Kulkas auf wenige telefonisch übermittelte Direktiven begrenzte.

Das Visavis dazu bilden in der Woinovichgasse 14, 16, 18 und 20 die Häuser des Niederländers Gerrit Thomas Rietveld, der eng mit der künstlerischen Bewegung De Stijl verbunden war und mit seinem berühmten „Rot-blauen Stuhl“ Designgeschichte schrieb.

Den Schlusspunkt setzt in der Woinovichgasse 32 Josef

Frank, Initiator und künstlerischer Leiter der Wiener Werkbundsiedlung. Mit hundert Quadratmetern Wohnfläche reicht sein Entwurf weit über die Anforderungen eines Kleinhauses hinaus und tanzt somit aus der Reihe. Das war aber durchaus im Sinne des Konzepts, denn laut Frank sollten hier ja zahlreiche unterschiedliche Modelltypen für Einfamilienhäuser entstehen. Wobei es immer darum ging, auf einem Minimum an verbauter Fläche ein Maximum an Wohnraum zu schaffen und zu demonstrieren, wie moderne Wohnkultur aussehen könnte.

Nach diesem inspirierenden Rundgang steigen wir wieder aufs Rad und wappnen uns mental für eine Bergaufstrecke durch die Veitingergasse und Gemeindeberggasse zum Ober-Sankt-Veiter Friedhof, unserem nächsten Ziel.

Etappe 7: Vom Friedhof zum Heurigen

Der 19 **Ober-Sankt-Veiter Friedhof** (Gemeindeberggasse 26, Jän., Feb.: 7–17 Uhr; März, Okt., Allerheiligen und Allerseelen: 7–18 Uhr; April bis Sept.: 7–19 Uhr; Nov.: 8–17 Uhr) wurde 1876 angelegt und bietet als Berg- und Parkfriedhof einen außergewöhnlichen Blick weit über den Süden Wiens hinaus. Mit den noch erhaltenen Biedermeier- und Jugendstilgräbern, den neugotischen Grabdenkmälern und den eindrucksvollen Skulpturen und nicht zuletzt auch den Grabsprüchen erlangt der Friedhof kunsthistorische Bedeutung. Die Aufbahrungshalle, ein langgestreckter Bau mit überhöhtem, durch ein Glasfenster des Künstlers Hermann Bauch geschmücktem offenem Mittelteil, stammt aus den Jahren 1964–1966 und soll demnächst unter Denkmalschutz gestellt werden.

Schieles letzte Ruhestätte gehört zu den Ehrengräbern und befindet sich im unteren Teil des Friedhofes (Gruppe B, Reihe 10, Nr. 15/16). Das Grab ziert ein Steinrelief des berühmten ungarischen Bildhauers Benjamin Ferenczy.

Egon Schieles Grab auf dem Ober-Sankt-Veiter Friedhof

Blick auf Wien von der Heurigenschenke Zur Wildsau aus

Zum Abschluss der Tour folgt, wie es sich gehört, eine Einkehr. Zwar ist die Heurigenschenke **Zur Wildsau** (Slatingasse 22, www.wildsau.at, April bis Okt.: Mo–Do 17–23, Fr–So und Fei 12–23 Uhr, Nov. bis März geschlossen) nur über eine weitere schweißtreibende Bergauffahrt zu erreichen, doch lohnt sich der Aufwand.

Wir fahren beim Friedhofsausgang links bergab und biegen in den Josef-Kraft-Weg ein, fahren dann links die „Stock im Weg" genannte Gasse bis zur Ghelengasse, biegen da rechts ein und fahren links die Slatingasse bergauf bis an ihr Ende.

Seinen Namen verdankt das Lokal den borstigen Vierbeinern, die hier seit Joseph II. in freier Wildbahn leben und gemeinsam mit Hirschen, Rehen und Mufflons die Besucher*innen des Lainzer Tiergartens erfreuen.

Von den Tischen und Bänken im Freien eröffnet sich bei schönem Wetter eine Fernsicht bis zum Ötscher und an so manchem Sonntag kann man das Gegröle der Rapid-Fans aus dem Hütteldorfer Stadion heraufhören.

Die Rückfahrt führt uns über Slatingasse, Gehlengasse, Stock-im-Weg, Prehausergasse, Veitingergasse, Ratmansdorfergasse, Tolstojgasse, Spohrstraße und Hietzinger Hauptstraße zurück zur U4-Station Kennedybrücke.

Register